VOYAGE OU IL VOUS PLAIRA

livre écrit à la plume et au crayon

— AVEC VIGNETTES —

LÉGENDES	INCIDENTS
ÉPISODES	NOTES
COMMENTAIRES	ET POÉSIES

PAR

MM. TONY JOHANNOT — ALFRED DE MUSSET ET P.-J. STAHL.

PARIS

J. HETZEL

10, rue de Ménars. — 76, rue Richelieu

VOYAGE

où

IL VOUS PLAIRA

PARIS. — TYPOGRAPHIE LACRAMPE ET Cie,
RUE DAMIETTE, 2.
— Papier de la fabrique Sainte-Marie. —

VOYAGE OÙ IL VOUS PLAIRA

VOYAGE
où
IL VOUS PLAIRA

PAR

TONY JOHANNOT — ALFRED DE MUSSET ET P.-J. STAHL

> La vie est un songe.
> — CALDERON —

PARIS
PUBLIÉ PAR J. HETZEL, ÉDITEUR,
RUE DE MENARS, 10, ET RUE DE RICHELIEU, 76

—

1843

J. HETZEL, ÉDITEUR des Scènes de la Vie privée et publique des Animaux, RUE DE SEINE, 33.

55 livraisons   10 francs
à 50 centimes.   # VOYAGE   l'Ouvrage complet

où

IL VOUS PLAIRA

(LIVRE ÉCRIT A LA PLUME ET AU CRAYON)

— AVEC VIGNETTES —
NOTES — LÉGENDES — COMMENTAIRES — INCIDENTS — ET POÉSIES.

PAR MESSIEURS

TONY JOHANNOT — ALFRED DE MUSSET ET P.-J. STAHL.

C'est surtout aux Souscripteurs des SCÈNES DE LA VIE PRIVÉE ET PUBLIQUE DES ANIMAUX que nous nous adressons aujourd'hui. Nous espérons qu'ils voudront bien nous continuer pour le VOYAGE OU IL VOUS PLAIRA (voyage qui, du reste, ne durera guère plus de six mois) la bienveillance qu'ils nous ont montrée depuis deux ans. Mais, comme nous désirons, avant

1842

tout, établir entre nos Souscripteurs et nous des relations durables de confiance et de loyauté, nous essaierons de sortir ici des voies habituelles du prospectus, et de ne point trop louer par avance l'ouvrage que nous annonçons.

Nous nous bornerons donc à dire que c'est à M. Alfred de Musset, dont le nom, un des plus honorés sans contredit de notre littérature, est à lui seul une recommandation pour notre livre, et à M. P.-J. Stahl, duquel, pour des raisons que tout le monde comprendra, nous ne pouvons dire ici ni bien ni mal, que sera confiée entièrement la partie littéraire de notre publication, — et que c'est à M. Tony Johannot, à qui appartient d'ailleurs la donnée principale de ce livre, et qui prêtera bien aussi, à l'occasion, le concours de sa plume à MM. A. de Musset et Stahl, que nous avons demandé les nombreuses vignettes qui doivent l'orner.

Nous croyons que le talent de M. Tony Johannot, si justement apprécié d'ailleurs, se montrera dans le Voyage où il vous plaira sous un jour complétement nouveau, et qu'indépendamment des qualités de finesse, de délicatesse, de grâce et d'excellent goût qui l'ont toujours distingué, il déploiera dans ce livre de son choix des qualités originales qu'il n'a point eu encore l'occasion de développer dans les livres qu'il a déjà illustrés.

Nous avons entre les mains une série de vignettes

Nous rencontrâmes alors trois individus d'assez mauvaise mine.

qui, si nous ne nous trompons pas, n'ont de modèle dans rien de ce qui a été publié jusqu'à ce jour, et dont l'analogue ne se retrouverait peut-être qu'en littérature, dans un de ceux des Contes d'Hoffmann où l'esprit français se mêle avec tant de charme à la fantaisie allemande.

Nous espérons que le livre qui sortira de cette triple collaboration se placera dans les familles à côté des Scènes de la Vie privée et publique des Animaux, et que nos abonnés y trouveront les mérites qui ont valu leur suffrage à la publication que nous venons de terminer, sans y rencontrer les défauts que l'expérience nous aura appris à éviter.

AVIS.

Le Voyage où il vous plaira devant être essentiellement et par sa nature même un livre de fantaisie, on comprendra que nous laissions toute liberté aux auteurs. Leur projet étant d'écrire et de dessiner *alternativement*, suivant qu'il y aura lieu d'écrire ou de dessiner, et que la plume ou le crayon devront être plus propres à rendre leur pensée, et le nombre des vignettes devant être considérable, relativement à l'étendue du texte, il arrivera que parmi nos livraisons, *les unes* se composeront de texte et de vignettes tout à la fois, *les autres* de vignettes seulement. — Il nous est donc difficile de fixer d'une manière tout à fait invariable la matière dont se composera chacune de nos livraisons.

Nous pouvons dire néanmoins qu'elles renfermeront *toujours* : — ou bien quatre pages de texte et *deux grandes vignettes* tirées à part, comme les Scènes de la Vie privée et publique des Animaux, et du même format, — ou bien *trois grandes vignettes* séparées, ayant pour tout texte la légende qui devra se trouver sous les vignettes. — Les vignettes dans le texte seront données en sus du nombre annoncé.

Conditions de la Souscription :

L'ouvrage complet se composera de *trente-trois livraisons seulement.* — soit, à 50 c. chacune, 10 fr. pour la souscription à l'ouvrage complet, — 12 fr. pour les départements et par la poste. Le chiffre 33 ne sera point dépassé; nous *nous engageons d'ailleurs formellement* à donner gratis tout ce qui excéderait, soit en livraisons, soit en volumes, le chiffre ci-dessus.

— Il n'y aura aucune différence entre le papier du TEXTE et celui des vignettes, qui sera comme celui de ce prospectus, le même que celui des vignettes des *Animaux*, et qui sortira également des fabriques de Sainte-Marie.

Conditions de la Souscription

Les livraisons paraîtront sans interruption de semaine en semaine, tous les jeudis.

— Les imprimeurs Lacrampe, qui ont imprimé les vignettes des *Animaux*, seront chargés de l'impression du *Voyage où il vous plaira*, — texte et vignettes.

— Les gravures ont été confiées à ceux de nos graveurs qui s'étaient montrés les plus habiles et les plus consciencieux dans nos précédentes publications. — Nous citerons MM. Brévière, Brugnot, Caqué, Piaud, Tamisier, Hébert, Andrew, Best et Leloir, Rouget, Dujardin, Quichon, etc.

Nous donnerons, sur les couvertures des livraisons où il n'y aura pas d'autre texte que les légendes des vignettes, une traduction, par M. E. de La Bédollierre, de quelques Contes d'Hoffmann qui n'ont point encore été publiés en France, et qui ont été publiés avec beaucoup de succès en Allemagne, après la mort de leur auteur, par Micheline Hoffmann, sa femme.

TYPOGRAPHIE LACRAMPE ET Cⁱᵉ, RUE DAMIETTE, 2.

VOYAGE
OU
IL VOUS PLAIRA.

AVANT-PROPOS

Il serait peut-être bon, cher lecteur, et, à coup sûr, il serait convenable de vous dire pourquoi nous partons, où nous allons, et aussi quelles raisons nous pouvons avoir pour désirer qu'il vous plaise de venir avec nous?

Il se pourrait pourtant qu'une pareille confidence eût ses dangers.

Pourquoi voyage-t-on, en effet ? N'est-ce pas, en outre de l'avantage incontestable que chacun ne peut manquer de trouver à changer de place ici-bas, n'est-ce pas surtout pour courir après l'imprévu, par exemple, et faire (en tout bien tout honneur) les yeux doux au hasard ?

Le peu que nous pourrions vous dire de nos projets, si engageants qu'ils puissent être d'ailleurs, ne vous gâterait-il pas par avance ce qu'il y a de meilleur dans tout voyage, le petit bonheur des surprises, le bénéfice des rencontres, etc.? En somme, irait-on quelque part si l'on savait bien où l'on va ?

Vous le voyez, cher lecteur, dans l'intérêt même de vos plaisirs nous devons nous taire : aussi nous taisons-nous, ou peu s'en faut, nous contentant, pour vous engager à être des nôtres, de vous assurer que partir vaut toujours mieux que rester.

Croyez qu'un voyage que nous ferons avec vous ne peut manquer d'être un charmant voyage. Nous y aurons — sans oublier l'honneur de votre compagnie — ce double gain de tout voyage, la joie du départ et celle du retour, deux joies dont l'une vaut l'autre sans aucun doute, et, entre ces deux joies si légitimes, toutes ces bonnes fortunes intermédiaires qui ne peuvent manquer à des voyageurs de bonne volonté.

Sans compter, ami lecteur, que nous espérons bien vous conduire — sans encombre — sans accidents — sans culbutes — sans trop de paroles et sans trop de frais (est-il bien d'en parler?), que vous dirai-je! à l'abri du froid lui-même, — pour peu que vos portes soient bien closes et vos cheminées bien garnies, — tout au bout de ce monde d'abord, cela va sans dire, et même un peu dans l'autre, pour peu que vous y soyez disposé.

Tout cela, songez-y bien, sans qu'il vous soit besoin de rien quitter, ni vos enfants qui sont les plus aimables du monde et qui ne sont de trop nulle part — nulle part moins qu'ici, — ni vos amis qui vous aiment, ni le coin de votre feu que vous aimez, rien enfin de ce qui vous plaît ou de ce qui vous retient, ni ceci ni cela dont vous savez le nom mieux que moi.

Partir et rester, rester et partir, voilà le problème que nous entreprendrons de résoudre, si vous voulez.

A ce compte-là, qui ne partirait? C'est si bon de partir, et cela peut être si nouveau! Et qui ne resterait? c'est si doux de rester, — et si facile!

Mais à quoi bon chercher à une chose aussi simple des raisons auxquelles il manquera certainement d'être raisonnables, et qui n'en seront pas moins bonnes pour cela?

Il s'agit de partir, partons donc! dussions-nous ne savoir jamais pourquoi nous sommes partis.

D'ailleurs, *qui a compagnon a maître*, dit-on; n'est-ce donc pas, quoi qu'il arrive, *où il vous plaira*, qu'il nous faudra aller?

VOYAGE OU IL VOUS PLAIRA.

I

Il était une fois un brave et bon jeune homme qui ne pouvait rester en place, c'était son seul

défaut ; mais un seul défaut, si petit qu'il soit, c'est encore trop dès que le diable s'en mêle, et vous savez, lecteur, que le diable s'en mêle toujours.

Notre héros était de la nature des girouettes, et on eût dit que c'était véritablement le vent qui l'emportait, quand ce n'était point un caprice.

C'est, je crois, ce que les Espagnols appellent une humeur *andantesque*.

— On n'est bien, disait-il, que là où l'on n'est pas.

Et là-dessus, il partait.

Le monde était pour lui un terrain glissant sur lequel il n'avait jamais pu venir à bout de se fixer ; et quand ce n'était pas de la Chine ou du Pérou, c'était tout au moins de Pontoise qu'il revenait.

Autant vous dire qu'il avait la manie des voyages, et que cette manie l'avait plus d'une fois mené et ramené d'un bout du monde à l'autre. Mais puisque le monde a un bout, si loin qu'on aille, il faut bien revenir : ce qui le prouve, c'est qu'au moment même où commence notre histoire, notre héros précisément revenait ; et revenait, s'il faut l'en croire, pour ne repartir jamais.

La vérité est qu'il était amoureux.

Ne le plaignez pas, lecteur, ne l'est pas qui veut ; et

ceci montre, selon moi, qu'il n'avait laissé sur les grandes routes ni son bon cœur, ni son bon sens.

Que deviendrait-on si l'on n'aimait pas?

J'ajouterai, en passant, que si, à force de changer, comme il arrive à tout voyageur, son cheval borgne contre un cheval aveugle, son or contre de l'argent, et de courir deux lièvres à la fois sans jamais en attraper aucun, il avait écorné tant soit peu son patrimoine, il lui était resté pourtant, sinon de quoi courir encore, au moins de quoi vivre avec honneur et sans mendier. Ce détail n'est point inutile, Mesdemoiselles, car j'ai à vous dire encore que mon héros est sur le point de se marier, et que, ce matin même, il a acheté ce qu'on appelle, je crois, une corbeille de mariage.

— J'ai fait mon dernier voyage, me dit-il en m'apprenant cette bonne nouvelle; décidément, la liberté consiste à être enchaîné à ce qu'on aime.

— Mon cher ami, lui dis-je, recevez mes compliments, vous pouvez bien avoir raison.

II

Son nom était Franz.

Celui de sa fiancée? — je ne puis vous le dire. Si vous le voulez, nous lui donnerons le nom, — le nom si doux de celle que vous aimez. Mais quoi! vous n'avez point, vous n'avez plus d'amie? Alors, choisissez, entre ceux-ci, le nom qui vous plaira : voulez-vous Marguerite, ou Lolotte, ou Juliette, ou Héloïse, ou Laure, ou Julie? Si dépourvu qu'on soit, on a toujours bien qui aimer parmi ces glorieuses filles de la Poésie.

Pour moi, je l'appellerai Marie, si vous le permettez, parce que j'aime ce nom.

Et quand je vous aurai dit : — Que Marie était une de ces tendres fleurs qui poussent sur les bords du Rhin pas bien loin des myosotis, ces chers brins d'herbe allemands, dont on abuse un peu de nos jours, — et qu'elle aimait Franz — comme Franz l'aimait, — et qu'elle l'avait aimé avant de savoir ce que c'était qu'aimer; —

Et quand je vous aurai dit encore que nous sommes avec Franz dans la maison de l'excellente madame Forter, la mère de Marie; que la soirée est avancée, que nous sommes en hiver; que Franz, après avoir cherché tous les prétextes possibles pour retarder son départ, a été obligé de se lever, de saluer, et de dire adieu une fois encore, et à demain, à sa fiancée, à sa mère, et au vieux major de Horne, l'ancien ami de la famille; —

Et quand j'aurai ajouté : que, bien que tout semble

Le vieux major de Horne a jeté à notre héros, en lui offrant
sa canne et son chapeau, un regard où se peignaient à la fois
l'inquiétude et la méfiance

Franz ne s'aperçut qu'il était couvert de neige qu'en se retrouvant au coin de son feu.

aller pour le mieux, ni Franz, ni le vieux major n'ont l'air content; et que ce dernier, en partant, a jeté à notre héros, en lui offrant sa canne et son chapeau, qu'il feignait de ne pas trouver, un regard où pouvaient se lire à la fois l'inquiétude et la méfiance ; et que Marie, d'ordinaire si tranquille, avait l'air triste, et que Franz, qui avait remarqué sa tristesse, était parti tout déconcerté, et ne s'était aperçu qu'il était tout couvert de neige qu'en se retrouvant auprès de son feu ; — j'aurai dit tout ce que je sais, et n'aurai rien de mieux à y faire que d'écouter à mon tour Franz lui-même, et de le laisser parler, ou écrire plutôt : car ce qui va suivre, je l'ai trouvé écrit de sa propre main dans des papiers qu'il me donna la veille de son mariage. Vous savez que quand on se marie, il y a des choses qu'on ne veut ni perdre ni garder ; on les confie alors à un ami — qui les confie à un autre, et c'est ainsi que, d'ami en ami, tout arrive, ami lecteur, jusqu'à vous. Et pourquoi pas?

C'est donc le portefeuille de Franz que nous allons ouvrir ensemble. — Je dis portefeuille, je pourrais dire album tout aussi bien, car Franz avait la singulière manie, quand il n'avait point d'encre dans son encrier, ou que sa plume se refusait à traduire sa pensée, de prendre son crayon, et de dessiner alors au lieu d'écrire; — et, qui pis est, lorsque son crayon était cassé, il lui arrivait même quelquefois de faire des vers — faute de mieux.

III.

JOURNAL DE FRANZ.

— ALBUM D'UN HOMME QUI VA SE MARIER. —

« Hélas! hélas! me dis-je, quand j'eus les pieds dans mes pantoufles, que s'est-il donc passé? »

Je me rappelais bien qu'à un certain moment de notre conversation, le vieux major avait rudement secoué son fauteuil par un mouvement inaccoutumé d'impatience : « Encore! encore! » s'était-il écrié.

Une larme avait roulé lentement sur la joue rose de ma douce Marie et sur la jolie bourse qu'elle a hâte de finir pour l'offrir au vieux major la nuit de Noël.

Cette larme était restée attachée un instant sur les mailles du filet, comme une pierre précieuse, et de là elle était tombée sur mon cœur. La bonne mère avait levé les yeux, en soupirant, sur sa charmante fille. Son regard bon et triste semblait lui dire : — Il faut te résigner, ma fille, Dieu le veut ainsi.

Mais pourquoi cette colère du vieux major? pourquoi cette larme de Marie? — Voilà ce que je ne pouvais parvenir à m'expliquer.

Pour me distraire, j'allumai ma pipe, après l'avoir bourrée avec soin de très-bon kanaster, et je saisis sur ma table, entre une certaine quantité de volumes qui s'y trouvaient amoncelés, le premier qui me tomba sous la main : —

C'était un volume de la collection des....

VOYAGES
AUTOUR DU MONDE,
PAR LE CAPITAINE COOK!!!

La bonne mère a levé les yeux en soupirant sur sa charmante fille.
Son regard triste et doux semble lui dire : Il faut te résigner, ma fille
Dieu le veut ainsi

Je ne vois plus que navires qui se croisent
sur l'immensité des mers, que chevaux et voitures qui roulent pesamment
sur tous les points du globe...

Que courageux et hardis piétons qui traversent
les sables brulants des déserts, et qui gravissent les pics escarpés
des Alpes et des Cordillières!

Ce fut pour moi un trait de lumière, — la mémoire me revint !

« Maudite, mille fois maudite passion des voyages !
« m'écriai-je ; tu m'auras donc une fois encore entraîné
« à dire cent impertinences ! »

Quand une fois cette corde a vibré en moi, ma tête s'égare ; je ne vois plus que navires qui se croisent sur l'immensité des mers, — que chevaux et que voitures qui roulent pesamment sur tous les points du globe, — que courageux et hardis piétons qui traversent les sables brûlants des déserts, et qui gravissent les pics escarpés des Alpes et des Cordillières ; et il semble qu'il m'ait été dit, comme au Juif-Errant : « Tu marcheras toujours ! »

« Que ne puis-je me contenter de voyager comme le
« sage de Maistre ! m'écriai-je encore, et, comme lui,
« satisfaire ma passion en courant le monde sans sortir
« de ma chambre !
« Désir ardent de tout voir, ne vous calmerez-vous
« donc jamais en moi ?
« Non, je ne veux plus me soumettre à vos influences.
« Je saurai me soustraire à votre tyrannie et éloigner

« de moi tout ce qui pourrait me replonger dans cet
« abîme. La vue de toute la création se déroulant devant
« moi, pourrait-elle jamais me consoler d'avoir fait
« tomber une seconde larme des beaux yeux de Marie!

« Non, non, je ne veux plus penser aux voyages!

« Demain, dès que le soleil sera levé, je mettrai mes
« plus beaux habits de fête, j'irai frapper à la porte
« du vieux major, et je le supplierai d'oublier mon fol
« égarement et de m'aider à obtenir le pardon de Marie.

« J'irai me jeter aux pieds de ma bien-aimée, et je
« lui jurerai de ne jamais la quitter. Elle me croira,
« car je mettrai dans mes paroles l'accent de la vérité,
« et mon repentir la touchera.

« Je la vois déjà me tendre sa petite main blanche,
« que sa mère la pressera de me donner, et lever sur
« moi ses yeux bleus, remplis de larmes!

« Hélas! hélas! qu'ils étaient doux ses yeux, le jour
« où elle chantait ce petit air allemand :

« Vergiss mein nicht
« Wenn Dir die Freude leicht [1],

« et où, en m'en revenant le soir, je lui avais fait le
« sonnet suivant :

[1] « Pense à moi au jour du bonheur. »

Je mettrai mes plus beaux habits. J'irai trapper à la porte du vieux major, et...

J'irai me jeter aux pieds de ma bien-aimée, et je lui jurerai
de ne jamais la quitter.

MARIE.

Ainsi, quand la fleur printanière
Dans les bois va s'épanouir,
Au premier souffle du zéphir
Elle s'incline avec mystère;

Et sa tige, fraîche et légère,
Sentant son calice s'ouvrir,
Jusque dans le sein de la terre
Frémit de joie et de désir.

Ainsi, quand ma douce Marie
Entr'ouvre sa lèvre chérie,
Et lève, en chantant, ses yeux bleus,

Son âme semble tout entière
Monter en tremblant vers les cieux :
Sa chanson est une prière.

« Elle se souviendra de tout cela.

« Puis elle se parera à son tour; elle mettra la robe
« de soie bleue que j'aime et qui lui sied si bien, et
« nous irons ensemble à l'église remercier Dieu de tout
« le bonheur qu'il nous accorde et de celui qu'il nous
« promet. Que de ferventes actions de grâces je lui
« adresserai, pour m'avoir sauvé une fois encore de
« moi-même !

« Puis nous prendrons le chemin le plus long pour
« rentrer à la maison, et nous courrons ensemble à tra-
« vers les prairies, couvertes d'une éclatante nappe
« blanche, où le soleil fera ruisseler des milliers de
« diamants et de rubis!

« J'entends déjà les naïfs éclats de rire de Marie,
« toutes les fois que ses chers petits pieds s'enfonceront
« dans la neige, s'il m'arrive de glisser maladroitement
« en essayant de la soutenir.

« Ainsi, nous rentrerons gaiement à la maison, son
« bras appuyé avec confiance sur le mien.

« Notre bonne mère nous recevra avec son bienveil-
« lant sourire; elle réchauffera de son haleine les mains
« glacées de sa fille chérie.

« Nous ferons un modeste déjeuner d'où sera banni
« tout souvenir de cette fatale soirée.

Puis elle se parera à son tour

... Et nous irons ensemble à l'église, remercier Dieu

Nous prendrons le chemin le plus long pour rentrer à la maison

Elle réchauffera de son haleine les mains glacées de sa fille chérie.

Nous ferons un modeste déjeuner

« Le vieux major, oubliant mes torts, dira à Marie
« de charger sa pipe, et nous racontera, pour la cen-

« tième fois, une de ses longues histoires de guerres,
« que nous aurons l'air d'écouter.

« Quel bonheur sera le mien, quand je les verrai heu-
« reux, et heureux par moi !

« Que la nuit est longue ! »

En disant cela, je rassemblai tous les volumes de cette
maudite Histoire Générale des Voyages, que je ne regar-

dais plus que comme d'absurdes mensonges, et tous, Dieu merci, suivirent le premier au feu.

« Brûlez! brûlez! m'écriai-je, vous qui m'avez perdu. »

Le beau feu! — Quand tout fut brûlé, je respirai plus librement, et rallumai gaiement ma pipe avec une page qui s'était détachée de toutes ces monstrueuses et mensongères productions.

Mais l'effort que je venais de faire pour rompre à tout jamais avec mes funestes penchants, m'avait anéanti, et le passage si brusque de la plus poignante inquiétude à la perspective de tout ce bonheur du lendemain, m'avait brisé.

Je retombai, sans forces, dans mon fauteuil. La lutte avait été trop violente pour ma pauvre tête, et, faut-il le dire, je versai un torrent de larmes.

Le vent sifflait tristement dans les arbres à demi morts qui entourent ma maison, et agitait leurs branches, couvertes de givre.

Tout était silencieux autour de moi, et le léger craquement que produit la gelée dans les cristallisations des vitres, en formant mille dessins variés et bizarres, troublait seul le calme de la nuit.

Je mis une dernière bûche dans mon feu... Mes yeux fatigués se portaient malgré moi sur les enroulements

Brulez, brulez, m'écriai-je, vous qui m'avez perdu....
Je retombai sans force dans mon fauteuil

L'aspect morne et désolé de cette nature immobile me rappelait mille souvenirs confus, comme ceux qu'on aurait gardés d'un monde qui n'existerait plus.

mystérieux qui se dessinaient en scintillant sur les croisées. La fumée de ma pipe, qui se déroulait en nuées bleuâtres entre eux et moi, semblait donner la vie à tous ces merveilleux dessins.

Je vis des roches monstrueuses suspendues en arceaux gigantesques.

Ma vue s'enfonçait dans de longues forêts de sapins couverts d'une neige épaisse.

Je pénétrai dans des gorges de montagnes interminables et qui se prolongeaient à mesure que je m'y laissais entraîner.

Et tout cela, tantôt peuplé d'êtres sans nom, aux formes bizarres, et se mouvant silencieusement, avec une inconcevable activité, dans des cercles sans issue; tantôt, au contraire, un désert sauvage n'offrant aucune trace d'êtres vivants.

L'aspect morne et désolé de cette nature immobile me rappelait mille souvenirs confus, comme ceux qu'on aurait gardés d'un monde qui n'existerait plus.

Cette végétation surprise par la glace n'avait-elle donc jamais été verdoyante et jeune, elle dont les formes gracieuses et élégantes semblaient à jamais roidies sous la puissance d'un éternel hiver?

Il me sembla que j'avais devant les yeux le fantôme de tous mes beaux et brillants rêves de voyages; mes

souvenirs devenaient des visions ; ma vue se troubla, et ma lampe jeta une éclatante lumière sur tous ces objets. Un frisson glacial parcourut tout mon corps.

Mon feu s'éteignit, et je ne me sentais pas la force de le rallumer.

Mes membres appesantis refusaient d'obéir à ma volonté, et je continuai machinalement à errer dans les vastes solitudes qui s'étaient ouvertes devant moi. Peu à peu je tombai dans une rêverie calme et profonde.

Le silence devenait de plus en plus complet, et je n'entendis bientôt plus ni le vent du dehors, ni même ces voix mystérieuses qui parlent ordinairement derrière les charbons à demi consumés d'un foyer qui s'éteint.

Enfin, un calme absolu régna partout. Le gardien qui veille au haut du clocher sonna douze fois dans sa trompe. Puis je n'entendis plus rien et je m'endormis.

Il était minuit.

Soudain, un petit coup sec frappé à ma porte me fit tressaillir... « Entrez! » m'écriai-je.

Enfin un calme absolu régna partout... et le garde qui veille au haut du clocher sonna douze fois dans sa trompe

Soudain, un petit coup sec frappé à ma porte me fit tressaillir
Entrez! m'écriai-je

IV

J'avais à peine prononcé ces mots, en donnant à ma voix l'inflexion la plus polie que puisse trouver un homme pris au dépourvu, que je m'aperçus, — non sans terreur, — que déjà je n'étais plus seul chez moi...

Et pourtant celui qui se trouvait ainsi devant moi — c'était Jean.... mon bon, mon cher Jean, — c'est-à-dire ce que j'aimais le plus au monde... — après Marie ;

mais Jean si sombre, si pâle, si défait et si différent de lui-même, que s'il eût été mort, et que si son spectre, quittant sa tombe, fût venu me visiter, il n'aurait point eu peut-être un autre visage.

JEAN WALTER.

Jean Walter était bien tout à la fois le meilleur et le plus triste garçon qu'on pût voir : — le meilleur, parce qu'il était né avec un cœur d'or ; — et le plus triste, précisément peut-être parce qu'il était bon.

Dans ce monde, qui n'est pas et qui ne sera jamais — j'en ai bien peur — un paradis, on n'est pas bon impunément. Ceux qui le sont, ou l'ont été, sont là pour le dire, et comprendront, j'en suis sûr, que l'infinie bonté de Jean avait pu et dû lui coûter cher.

Mais c'était là son moindre souci. Et, de même que les fleurs donnent leur parfum au premier venu, sans choix et sans préférence, de même aussi Jean Walter, dans sa première jeunesse, avait, en dépit des conseils et quelquefois du sens commun, donné son cœur à tort et à travers, et en aveugle.

— Ce pauvre Jean —

Selon lui, l'important c'était seulement qu'on fût bon à quelque chose.

Mais, hélas! si bon qu'on soit, il faudrait l'être encore bien davantage pour se faire pardonner le bien qu'on fait. — Je ne calomnie personne en disant ceci, — malheureusement! — Aussi, dans une voie pareille, que d'ingrats il avait dû faire!

Quand on le lui faisait remarquer : — « Ils n'ont pas tort, disait-il ; seulement, ils n'ont plus besoin de moi. »

Mais il avait beau dire, à force d'être bon et par trop bon, et à force de trouver des ingrats, cette tristesse incurable que ceux qui l'aimaient retrouvaient au fond même de ses joies, devait lui venir, — et elle lui était venue.

Non pas qu'il passât sa vie dans les larmes et dans le désespoir, et que l'air retentît de ses cris.... — bien au contraire. Car s'il s'apitoyait volontiers sur autrui, en revanche il ne s'attendrissait guère sur lui-même, et, au rebours de bien des gens, loin de s'emporter jamais contre le sort, — du moment où ils n'atteignaient que lui seul, — il acceptait ses coups les plus rudes, sans jamais ajouter à ses ennuis celui de les maudire.

Mais quels étaient au juste ses ennuis? Nul n'aurait pu le dire.

Était-il amoureux? ne l'était-il pas? L'un et l'autre est très-triste; mais sur ceci comme sur le reste, les certitudes manquaient.

Aussi, ce que je viens de dire ne le ferait-il reconnaître de personne, et ai-je eu tort, par conséquent, d'en dire si long[1].

Quoi qu'il en soit, avant de continuer mon récit, j'ajouterai ceci encore : — c'est que, à mon amitié pour Walter se mêlait ce je ne sais quel respect qu'on a volontiers pour les gens qui savent se taire, et qu'il exerçait sur moi, à de certaines heures, une influence suprême.

C'était de lui enfin que je tenais cette humeur voyageuse qui, ce soir encore, avait mis en péril mon bonheur; c'était avec lui, et pour le suivre, que j'avais couru le monde. Aussi, en le revoyant, lui que je croyais bien loin, ne pus-je vaincre un sentiment d'effroi : — car, d'ordinaire, s'il arrivait, ce n'était guère que pour repartir. Or, quand Jean repartait, j'étais bien près d'en faire autant.

En effet, il était botté, éperonné, en costume de

---

[1] Nous donnons ici un portrait de Jean Walter. Ce portrait, fort ressemblant, a été trouvé dans les papiers de Franz.

voyage enfin et la cravache à la main, — comme un homme prêt à se mettre en route.

Ici mon embarras est grand : car (oserai-je jamais le dire?) en un instant et à sa vue, tous les souvenirs de ma vie errante, endormis dans mon cœur, s'étaient réveillés comme par enchantement; et, sur un simple signe qu'il me fit, me levant aussitôt du siége où m'avaient cloué d'abord et sa présence inattendue et les inconcevables changements que j'avais remarqués en lui, et, me levant comme je l'eusse fait à l'ordre de Dieu même, — je partis ! —

Et si vous me demandez raison de cet acte insensé, — je vous dirai : — Demandez au nuage qui passe, pourquoi il se laisse emporter par le vent? — demandez à l'oiseau qui s'envole, pourquoi il quitte son nid? — demandez au ramier amoureux, ce qui l'éloigne de sa colombe toujours fidèle? — demandez à celui qui trahit et à celle qui trahit (sans aimer la trahison), pourquoi ils trahissent? — et demandez enfin à toute créature ayant à choisir entre le bien et le mal, pourquoi elle choisit le dernier, qu'elle déteste et qui la perd?

Et si vous restez sans réponse, je vous demanderai à mon tour comment se font les folies? et si vous-même (pardonnez-moi, lecteur), vous n'avez jamais fait un pas de trop dans ce dur chemin de la vie, — où le plus sûr marcheur s'égare, dit-on, sept fois par jour?

———

— Il y a des gens qui, à de certaines saisons, quittent tout : — amitié, amour, repos et patrie, — et traversent l'Océan pour aller, au péril de leur vie, chercher sur les cimes effrayantes du Chimboraço, — lesquelles s'élèvent de vingt-deux mille pieds au-dessus du niveau de la mer, — un papillon chimérique.... introuvable. —

— Il y avait autrefois sept étoiles qui formaient ce qu'on appelait la Pléiade : il n'y en a plus que six. — Où est allée la septième? —

— Ève a mangé du fruit défendu, lequel, il est vrai, était offert par un serpent. —

— Pandore eut la curiosité d'ouvrir une boîte d'où ne pouvait sortir rien de bon. — Pourquoi ? —

— Sait-on ce qu'Alexandre allait faire en Asie, au lieu de rester dans son royaume de Macédoine ? —

— Dioclétien s'est fait jardinier. —

— Alaric, Attila et tant d'autres savaient-ils d'où ils venaient et pourquoi ils marchaient ? —

— Nos pères, quand ils allaient visiter *il gran sepolcro*, n'étaient-ils mus que par la foi ? —

— Pourquoi Charles-Quint s'est-il fait enterrer avant sa mort ? —

— Pourquoi Christine quitta-t-elle la Suède et son trône pour venir danser à Versailles, où on trouva qu'elle dansait très-mal ? —

— Qu'est-ce qui a pu pousser la nièce de lord Chatam à quitter l'Angleterre, pour aller s'asseoir sur les ruines de Palmyre ? —

— Il y a des poëtes qui sont descendus aux enfers, et des écrivains qui ont cru devoir aller, ceux-ci dans la lune, ceux-là dans le soleil; les uns dans ce monde, les autres dans l'autre. —

— Etc., etc., etc. —

Après cela, que vous dirai-je? sinon qu'il y a des choses qui ne s'expliquent pas, qu'il faut prendre son parti des mystères, — et que je partis enfin — au lieu de rester.

O toi qui pars! si tu pensais un instant que ce que tu aimes, que ce que tu quittes peut mourir sans toi — et loin de toi, partirais-tu?

Au moment où j'allais laisser derrière moi le seuil de ma porte, cette pensée me vint. Et cependant....

Mais il faut tout dire—le bien comme le mal—je m'arrêtai un instant, éperdu, je revins sur mes pas pour

Des chevaux nous attendaient à la porte

donner un dernier regard à ce doux nid où étaient éclos tous mes rêves de bonheur, où je sentais bien que j'allais les laisser tous ; et, par un mouvement machinal, je me trompe, par un mouvement que m'inspira sans doute mon bon ange, je rentrai et pris sur ma cheminée un petit bouquet de violettes d'hiver et de bruyères roses que Marie avait cueillies pour moi, le matin même, — et je pris aussi une petite branche de buis béni, qu'elle avait rapportée de l'église au dernier dimanche des Rameaux, et dont j'avais orné une sainte image de la Vierge que sa bonne mère m'avait envoyée le même jour, « afin qu'elle protégeât, disait-elle, contre le démon (le démon des voyages, sans doute) celui qui allait devenir son fils. » Et, après avoir pieusement porté à mes lèvres ces fleurs bien-aimées, je les serrai contre mon cœur, espérant qu'elles le garderaient de tout mal.

... Et je suivis Walter.

Des chevaux nous attendaient à la porte.

J'avais à peine eu le temps de les entrevoir (la nuit était sans étoiles) que déjà Walter était en selle. Ces chevaux avaient l'air terriblement méchants, mais, à vrai dire, ils étaient doux comme des agneaux.

—Mon bon monsieur, me dit d'un air goguenard, et en me présentant l'étrier, le petit groom qui les avait amenés, n'ayez donc pas peur! Et me voyant en selle à mon tour, il tira de sa poitrine un sifflement si aigu que je ne pus m'empêcher de tressaillir.

Nos chevaux partirent comme le vent.

Pour sortir de la ville, il nous fallut passer devant la maison de ma fiancée!

La fenêtre de sa chambre était entr'ouverte, et je vis la douce fille assise devant un clavecin que lui avait légué son oncle l'organiste.

Elle chantait :

La fenêtre de sa chambre était entr'ouverte, et elle chantait..

Rappelle-toi, quand l'aurore craintive
Ouvre au soleil son palais enchanté;
Rappelle-toi, lorsque la nuit pensive
Passe en rêvant sous son voile argenté;
A l'appel du plaisir lorsque ton sein palpite,
Aux doux songes du soir lorsque l'ombre t'invite;
    Ecoute au fond des bois
    Murmurer une voix,
      Rappelle-toi. (TER.)

Rappelle-toi, lorsque les destinées
M'auront de toi pour jamais séparé,
Quand le chagrin, l'exil et les années
Auront flétri ce cœur désespéré;
Songe à mon triste amour, songe à l'adieu suprême;
L'absence ni le temps ne sont rien quand on aime.
    Tant que mon cœur battra
    Toujours il te dira :
      Rappelle-toi. (TER.)

Rappelle-toi, quand sous la froide terre,
Mon cœur brisé pour toujours dormira;

Rappelle-toi, quand la fleur solitaire
Sur mon tombeau doucement s'ouvrira,
Je ne te verrai plus, mais mon âme immortelle,
Reviendra près de toi comme une sœur fidèle.
Écoute dans la nuit
Une voix qui gémit :
Rappelle-toi. (TER.)

RAPPELLE-TOI.

(VERGISS MEIN NICHT*.)

MUSIQUE DE MOZART.

* Cette romance de Mozart, populaire en Allemagne, n'a pas encore été publiée en France.

Elle chantait... et moi je partais!

Chacune des notes — chacune des paroles de cet air si doux et si simple éveillait en moi un souvenir et un remords.

— Marie, Marie, m'écriai-je avec désespoir, je te quitte, et pourtant je t'aime!

Mais bientôt les sons cessèrent d'arriver jusqu'à moi.

Je remarquai avec épouvante que le silence nous enveloppait en même temps que les ténèbres qui croissaient d'instant en instant, et que la terre semblait rester muette sous les pas de nos chevaux.

Notre course devenait de plus en plus rapide, comme si un aiguillon invisible en eût précipité l'ardeur.

— Jean, dis-je tout bas, mais bien bas, à Walter, tant il m'eût semblé téméraire de troubler ce redoutable silence; — Jean, mon bon Jean, où allons-nous?

Mais il ne m'entendit pas.

Un rayon de la lune ayant traversé un instant le voile de nuages qui l'obscurcissait, une pâle clarté tomba sur le visage de Walter.

Je fus saisi de pitié en voyant les horribles ravages qu'avait subis toute la personne de mon pauvre Jean. Un sourire plein d'amertume remplaçait sur ses lèvres le bienveillant sourire dont le charme autrefois lui ouvrait les cœurs les plus rebelles. Son doux et noble visage avait pris je ne sais quel aspect brutal et fantastique. A le voir ainsi, on l'eût cru de vingt ans plus vieux que moi, et pourtant nous étions nés le même jour, — mais le malheur n'a pas d'âge — et la douleur vieillit aussi bien que les années.

Je crus voir, je me trompais peut-être, que de ses yeux coulaient des larmes silencieuses. — Pauvre Jean! pensai-je; mais je ne me sentais pas la force de l'interroger de nouveau. — Et notre course continuait.

Combien de chemin nous fîmes dans cette nuit éternelle, — je ne saurais le dire; — tout ce que je sais, c'est que, quand nous eûmes laissé derrière nous les plaines et les monts, les torrents et les abîmes, — nous nous trouvâmes dans une forêt où nous aurions couru risque de nous perdre, si nos chevaux épuisés ne s'étaient arrêtés d'eux-mêmes devant la porte d'une humble cabane qui servait de retraite à une bonne vieille qui pouvait bien avoir cent ans, ce qui ne l'empêchait pas d'avoir encore la plus aimable figure du monde. Elle nous fit les honneurs de sa petite cabane avec tant de bonne grâce, que je ne pus m'empêcher de penser qu'une si belle vieillesse devait être la récompense d'une bonne vie.

Quand nous eûmes pris un peu de repos, notre hôtesse, qui vit bien à qui elle avait à faire, — nous raconta

C'est bien la peine, disaient-elles, d'être fraîches, d'être jolies et parfumées, pour vivre et mourir au fond d'un bois.

LES FLEURS DES BOIS.

l'histoire suivante, « pour nous faire passer le temps et en attendant le jour, nous dit-elle. »

— C'est des petites fleurs, mes voisines, que je tiens ce qui va suivre, dit la vieille femme en ranimant le feu ; leurs aïeules sont les héroïnes de ce récit, et dans la forêt, il n'est pas un brin d'herbe qui ne connaisse cette histoire, et qui ne puisse en garantir l'authenticité.

LES FLEURS DES BOIS.

« . . . . Etiam flevere myricæ. »
Les bruyères elles-mêmes ont pleuré.

« Flumina amem sylvasque inglorius!... O ubi campi... »
J'aimerais les fleurs et les forêts, obscur et sans gloire !
Où sont les campagnes...

« Et nobis placeant ante omnia sylvæ. »
Et que les forêts nous plaisent avant tout.
— Virgile. —

Il y a bien des siècles ! les petites fleurs qui fleurissaient solitaires et paisibles dans cette forêt s'avisèrent de se plaindre de leur solitude et de leur délaissement.

— C'est bien la peine, disaient-elles, d'être fraîches, d'être jolies et parfumées, pour vivre et mourir au fond d'un bois, et pour donner au vent, qui n'en sait que faire, nos plus doux parfums. Oh ! que les fleurs des jardins sont heureuses ! La culture les embellit, on les admire, et leur vie est une fête continuelle! Notre exil dure depuis trop longtemps; il faut nous plaindre, et demander à celui qui nous a créées de nous tirer d'où nous sommes; c'est à y mourir d'ennui. —

— Y pensez-vous, mes filles, de vouloir quitter cette sûre retraite pour aller vivre au milieu du monde? reprit une fleur déjà un peu fanée et qui avait quelque expérience de la vie Croyez-moi, Dieu fait bien ce qu'il fait, et s'il nous a semées ici, c'est que nous y sommes mieux qu'ailleurs. Où est le bonheur, si ce n'est à l'ombre de ces beaux arbres, dont le vert feuillage vous protége contre le vent du Nord ou contre les ardeurs de l'été, et qui ne s'entr'ouvre sur vos têtes que pour vous laisser apercevoir le ciel? où retrouverez-vous ce merveilleux tapis de mousse qui va si bien à vos couleurs?

Vous vous plaignez de votre isolement! N'est-ce donc rien que de vivre pendant le jour en compagnie avec des papillons toujours amoureux, et aussi, d'être visitées pendant la nuit par les esprits invisibles qui habitent les forêts, et qui, pour vous, n'ont point de secrets?

Oh! mes filles, le monde est plein d'embûches pour les pauvres fleurs. Heureuses celles qui, comme nous, vivent dans des retraites où le souffle du mal n'a jamais pénétré! —

Un petit chuchotement qui courait de fleurs en fleurs suivit ce long discours. Il est facile de deviner tout ce qui se dit à cette occasion, et avec quelle irrévérence furent écoutés par de jeunes fleurs fraîches écloses les sages conseils d'une fleur fanée... La jeunesse est la même partout et agit toujours à l'étourdie.

Quelques-unes cependant, et des plus raisonnables, — parmi elles se trouvaient la vertueuse Menthe, l'honnête Fougère, et le constant Asphodèle, — disaient, mais pas bien haut, — qu'il fallait réfléchir, — qu'il se faisait tard, — que l'heure était venue de dormir, et qu'il fallait prendre conseil de la nuit, — que la chose était assez grave pour qu'on ne se décidât pas à la légère, etc.

Elles disaient, enfin, ce qu'on dit quand on a peur et qu'on veut gagner du temps.

Mais les plus impatientes répondaient qu'il n'est jamais trop tard pour bien faire, que la vie est courte, que les fleurs n'ont que des jours et point de lendemain, et qu'il fallait enfin jouir au moment même.

—

— Ouf! j'ai cru que cette vieille racine de Patience n'en finirait jamais, dit avec aigreur une grosse Bourrache à un Grateron qui s'agitait à ses côtés.

— Ma chère, disait à une Valériane, dont la facilité était connue, un Coquelicot très-égrillard, — quand on craint le danger, c'est qu'on le connaît, et je gagerais la plus rouge de mes feuilles que la vieille Patience a été, dans son temps, faire un tour dans les villes, où elle aura trouvé, pour l'endormir, quelques-uns de ces Pavots blancs dont la pâleur a eu, vous le savez, un moment de succès.

— Ne me parlez pas des vieilles gens, criait une de ces petites fleurs jaunes qui se mangent en salade, et qui ont donné, on ne sait pourquoi, leur nom à de certains petits garçons. — Ne me parlez pas des vieilles gens : ils disent tous la même chose.

Comme toujours, enfin, c'étaient ceux qui auraient mieux fait de se taire qui parlaient le plus haut.

Pendant tous ces débats la nuit était venue, et avec elle son compagnon le sommeil. Tous les deux étendaient leurs ailes sur la nature. Déjà les petites fleurs penchaient leurs calices vers la terre, et commençaient à s'endormir ; — il y en avait même qui dormaient tout à fait.

Mais pourtant le désir veillait en elles, et il sortit du fond de leurs pauvres petits cœurs désolés, mêlé à leurs plus doux parfums.

Le parfum des fleurs, c'est leur prière et l'encens qu'elles offrent au ciel.

Ce soir-là, il y monta plus suave encore que de coutume,

et arriva jusqu'au pied du trône de Dieu, apporté sur les ailes de leurs anges gardiens.

Dieu écouta la prière des petites fleurs des bois, — et, voulant leur être agréable, il dit :

— Qu'il soit fait comme elles l'ont voulu !

—

En un instant, toutes celles qui avaient maudit leur destinée furent transplantées, comme par miracle, au milieu du monde et dans un grand jardin ; — le Lierre lui-même avait quitté l'Ormeau, le Roseau, l'harmonieux murmure de sa source, et la Pervenche ses doux souvenirs ; — et quand elles s'éveillèrent le lendemain dès l'aube du jour, et qu'après avoir secoué leurs petites robes toutes couvertes de perles de rosée, elles reconnurent que leur vœu le plus ardent était exaucé, elles demeurèrent si émerveillées qu'elles ne pouvaient croire à tant de bonheur.

—

— Oh ! qu'il fait beau ici ! s'écrièrent-elles ravies, dès qu'elles furent remises de leur étonnement. Quelle différence de ce beau jardin qui reçoit la lumière éclatante du soleil avec notre noire forêt !

On pourra du moins être jolie tout à son aise ici, et s'étaler, et se faire voir, et se faire aimer, et se faire admirer, enfin! (Les folles ignoraient qu'on n'aime pas, hélas! tout ce qu'on admire.)

Toutes relevaient fièrement la tête et essayaient de se grandir et de se hausser pour égaler leurs redoutables rivales. Mais en vain! le bon Dieu les avait semées petites fleurs, et petites fleurs elles restaient. Pour comble de malheur, elles ne pouvaient se plaindre les unes aux autres, car on les avait séparées : les sœurs étaient loin des sœurs, les amants loin de celles qu'ils aimaient, et il n'y avait plus ni lien ni famille. La symétrie le voulait ainsi ; chacune avait sa place marquée. Il s'agissait bien d'être heureuses, vraiment! mais d'être belles, et de servir à l'ornement de ce beau lieu.

—

Les voilà bien tristes, — mais pourtant se consolant un peu avec l'idée que bientôt on va les trouver superbes et le leur dire, et ce bonheur ne leur semble pas trop chèrement acheté. Elles l'appellent de tous leurs vœux. — Il va venir. — Elles s'y préparent, et font de leur mieux pour être avenantes.

—

Mais, ô surprise! ô douleur! ô disgrâce! ô confusion! elles n'attirent point les regards, on ne les remarque pas, et si elles n'étaient point en sûreté dans les plates-bandes, on les écraserait peut-être; — les Roses à cent feuilles les plus épa-

Elles sont là chez elles, recevant les hommages d'une cour empressée, et paraissant s'en soucier à peine.

LES FLEURS DES JARDINS.

nouées, celles qui montrent sans pudeur leurs attraits, les Dahlias qui cachent sous leur robe d'un gros rouge leur orgueilleuse nullité, et toutes les fleurs qui n'ont d'autres charmes que leur toilette, que leur éclat, sont les seules fleurs dont on s'occupe et semblent seules les reines de ce jardin; elles sont là chez elles, recevant les hommages d'une cour empressée, et paraissant s'en soucier à peine.

Et, je vous le demande, quelle figure pouvaient faire les simples Liserons, la naïve Argentine, la douce Mauve, le bon petit Perce-Neige, l'estimable Sauge, la Brize tremblante, la folle Ancolie, l'humble Primevère, l'imperceptible Muguet, l'innocent Bluet, l'étourdi Sainfoin, la Scabieuse en deuil, la Mandragore elle-même malgré sa rareté, la Rose sauvage et la sentimentale Pâquerette, à côté de l'orgueilleuse Reine-Marguerite, et des Roses musquées, et des Roses pompons, et des Roses des quatre saisons, et des Roses à mille feuilles, et des Roses mousseuses, et des Roses-Roi, et des sept mille neuf cent sept variétés de Roses, enfin, qui font la gloire des jardins cultivés, — sans oublier les Dahlias, les Camélias, les Hortensias, les Belles-de-Jour, les Belles-de-Nuit, et les Narcisses, et les Soleils, et les Oreilles-d'Ours, et les Gueules-de-Loup.... et tant d'autres !....

—

Ah ! qu'il y eut alors de pleurs versés, de calices desséchés, et comme les petites fleurs regrettaient leur ombre des bois,

et la mousse, et le silence, et le repos! Ce fut bien pis quand le jardinier vint à passer la bêche à la main tout près d'elles ! pas une n'avait une goutte de sang dans les veines, et toutes tremblaient si fort qu'elles auraient voulu être à cent pieds sous terre. Mais elles en furent quittes pour la peur. L'heure de la mort n'était pas encore venue pour elles, mort violente, mort affreuse, dont elles n'avaient pas l'idée; car dans les forêts, les fleurs meurent toutes de leur belle mort et seulement quand il plaît à Dieu, qui est le maître de tout ce qui vit.

Mais pour n'être pas mortes, elles n'en valaient guère mieux.

Le soleil de midi, qui tombait d'aplomb sur elles, accoutumées à ne recevoir ses rayons qu'à travers un voile de verdure, les brûlait sans merci, et autour d'elles pas une source qui apportât à leur pied desséché un peu de fraîcheur! — Sans doute on leur jetait bien de temps en temps un peu d'eau, mais quelle eau! et d'ailleurs ce secours n'arrivait jamais à point, et plus d'une fut en danger de mourir pour avoir été arrosée hors de propos; — pas un pauvre petit brin d'herbe ni de mousse dans tout le voisinage, et il fallait se résigner à pousser dans une terre aride et noire, remuée et tourmentée tous les jours, dans la crainte qu'une plante amie vînt à y germer d'aventure.

Ah! fuyons ce sol inhospitalier, dirent un beau matin les plus sincères, et retournons dans notre pays; — partons. Mais comment se mettre en route quand on n'a pas l'habitude de marcher? Une fois encore les voilà toutes en prières; — chacune fit son vœu (le vœu du naufragé!) en attendant le miracle qui devait les tirer de ce lieu maudit. Mais de miracle, point. — Il ne s'en fait pas autant qu'on en voudrait, et les anges de bonne volonté ne sont pas toujours prêts à se faire les serviteurs des habitants de la terre. Ils essayèrent pourtant d'obtenir de Dieu le retour des pauvres exilées dans leur forêt natale; Dieu fut sourd à leurs prières.

C'est depuis ce temps qu'il y a des fleurs des bois dans les jardins, et, comme si la malédiction du ciel pesait sur leur race infortunée, jamais les pauvrettes n'ont pu s'élever ni devenir plus belles; elles sont encore et seront toujours ce qu'elles étaient au moment où elles ont quitté leurs bois, et la culture n'a jamais pu parvenir à les changer. Dieu l'a voulu ainsi pour les punir de leur envie de courir et de leur vanité...

C'est ainsi que l'orgueil et la curiosité, qui ont perdu le premier homme, ont perdu aussi les fleurs des bois et les fleurs des champs.

Et ayant ainsi parlé, la bonne vieille se leva.

— Ceci prouve, ajouta-t-elle, que rien n'est bien que ce qui est à sa place, et que vous ne feriez probablement

Nous rencontrâmes, au fond d'une étroite vallée, trois individus
d'assez mauvaise mine.

pas mal de retourner d'où vous venez. Croyez-en une vieille fleur des champs, — qui a eu aussi son jour d'orgueil et de curiosité, ajouta-t-elle, — mais à laquelle Dieu l'a pardonné.

Puis, nous voyant disposés à repartir, elle ouvrit sa porte. — Après quoi, elle nous tourna le dos et disparut.

J'aime ces petites histoires, dis-je à Jean, qui, de même que moi, avait laissé parler l'aimable vieille sans l'interrompre ; — sans doute ce ne sont point des tragédies, et on n'y pleure ni au commencement, ni au milieu, ni à la fin ; mais cette bonne vieille pourrait avoir raison, — et nous, nous pourrions faire plus mal que de l'en croire. —

— En route, en route, me répondit-il.

Nous n'avions pas fait cinq cents pas, que nous rencontrâmes, au fond d'une étroite vallée, trois individus d'assez mauvaise mine.

Je conviendrai volontiers que mourir n'est peut-être pas grand'chose, encore pourtant aimerait-on pouvoir choisir son moment ; aussi la pensée que nous allions être assassinés au fond de cette forêt me remplit-elle d'horreur, et je songeai à vendre chèrement ma vie. — Défendons-nous, dis-je à Walter en me rapprochant de lui, — et, m'adressant aux bandits : « Messieurs ! m'écriai-je, qui êtes-vous ? »

— Nous sommes de pauvres diables, répondit l'un d'entre eux.

Bien que Jean parût satisfait de cette réponse, je n'en restai pas moins sur la défensive.

Mais heureusement il se trouva que ceux que j'avais pris pour des brigands étaient les plus braves gens du monde. Ils se rangèrent poliment sur le bord du chemin pour nous livrer le passage, et nous apprirent qu'ils venaient d'un lointain pèlerinage, et qu'ils rapportaient de leur sainte expédition, pour eux-mêmes et pour leurs proches, un grand nombre d'indulgences.

— Prenez ceci, me dit l'un d'entre eux en me présentant un anneau de plomb. Cet anneau peut vous préserver de la rage, de l'amour, de la mort et de mille autres accidents.

— Il n'y a même plus de brigands, me dit Jean, quand ils furent passés, — mais c'est égal, ta fière contenance nous a sauvés.

L'air était pur, les oiseaux s'éveillaient, le soleil se levait, nous étions enfin à l'aube d'un beau jour. Walter subissait l'influence de cette belle matinée. Peu à peu son front s'éclaircissait, et je le voyais redevenir plus semblable à lui-même ; moi-même, ô inexplicable cœur de l'homme ! je commençais à me pardonner de n'être point où j'aurais dû et voulu être ; quelque chose me disait qu'en dépit de mes folies, Dieu me garderait le cœur de ma chère Marie.

Arrivés sur la lisière de la forêt, Jean s'arrêta tout à coup, et de la main me faisant signe de me taire, il me montra, non loin de là et à demi cachés comme dans un nid par le feuillage, deux gracieux enfants qui ne nous avaient ni vus ni entendus, car ils s'aimaient et ils se le disaient, ce qui montre bien qu'ils devaient se croire seuls dans l'univers.

Nous fîmes un détour pour n'avoir point à troubler ces enfants, et nous nous trouvâmes bientôt devant le plus riant paysage qu'on puisse voir.

Tout au fond il y avait une montagne ; à droite était la forêt que nous venions de quitter, à gauche une jolie petite ville allemande, avec son vieux clocher, ses toits roses et ses maisons gris-perle ; au milieu s'étendaient des champs de blé, des vignes et de riches pâturages ; plus près coulait une rivière, et au-dessus de tout cela brillait un soleil resplendissant.

Tout au bord de la rivière était un jeune et beau garçon qui regardait l'eau couler en pleurant amèrement ;

quand nous fûmes auprès de lui, nous vîmes qu'il s'était mis au cou une corde à laquelle était attachée une pierre qu'il tenait sur ses genoux.

A ses pieds était une houlette, ce qui nous fit voir qu'il était berger.

— Que diable fais-tu là, mon garçon, lui dit Walter, et pourquoi pleures-tu?

— Je pleure, répondit le pauvre garçon, parce que j'ai perdu celle que j'aimais, et je suis là pour me noyer.

— Pour te noyer! lui dis-je.

Mais déjà il était dans l'eau. Ce que voyant, je me mis aussitôt en devoir de l'y suivre, dans l'intention bien arrêtée de l'en retirer.

Mais Jean me saisissant brusquement par le bras :

— A quoi penses-tu? me dit-il; si ce garçon a véritablement perdu celle qu'il aimait, il fait très-bien de chercher sous cette eau l'oubli et le repos! et tu aurais grand tort de le contrarier; laisse-le faire....

— Jamais! m'écriai-je indigné.

— Eh bien! alors, laisse-moi faire, reprit-il.

Et s'étant jeté lui-même à la nage, il parvint, non sans efforts, à ramener sur la rive le pauvre amoureux qui s'obstinait à mourir.

— Mon cher enfant, lui dit Jean quand il l'eut débarrassé de sa pierre et de sa corde qui avaient failli l'étrangler, je te demande bien pardon de m'être mêlé de tes affaires. Si j'ai eu tort, la rivière est encore là, et

tu en seras quitte pour recommencer. Mais auparavant, réponds-moi : celle que tu aimais,est-elle morte ?

— Morte ! dit le pauvre garçon, plût à Dieu ! Je l'aimerais mieux au fond de cette rivière d'où vous m'avez arraché, que là-bas au fond de ce taillis où je viens de l'apercevoir avec notre voisin. Vous les avez peut-être vus en passant tout à l'heure.

— Oui, dit Jean, nous les avons vus. — Hélas ! hélas ! ajouta-t-il en s'adressant à moi, Virgile a donc eu raison de le dire :

.... Varium et mutabile semper
Femina.

« La femme sera toujours un être changeant. »

« Si jeune ! et déjà perfide... »
Puis, se tournant vers le berger, il lui parla ainsi :
« Ovide, mon ami, a composé un petit poëme intitulé *Remedia amoris*, remèdes d'amour, dans lequel il regrette de n'avoir pas vécu du temps de Didon et d'autres personnages amoureux qui se sont donné la mort, parce qu'il leur aurait communiqué sa recette. Le principal remède à son avis est la chasse ; — c'est pour cela qu'on dit que Diane a toujours vécu chaste.

« Les voyages lointains, les courses sur les hautes montagnes, sont encore d'excellents spécifiques.

« Il faut cependant fuir la solitude. Exemple : Phyllis ne se serait pas noyée si elle n'eût pas vécu seule ; car, avant de se noyer, elle était allée jusqu'à neuf fois sur le bord de la mer, et cependant son amour était des plus forts.

« Il faut aussi fuir l'oisiveté. Sans doute l'amour est une fatigue, mais c'est une fatigue qui convient même au paresseux. — Voilà pour le moral. —

« Quant aux moyens d'hygiène, Ovide — c'est toujours Ovide qui parle — Ovide soutient encore qu'il faut boire beaucoup et manger de même. C'est, dit-il, un fait reconnu : — témoin Ariane, qui se serait probablement noyée si, après le départ de Thésée, elle n'eût été consolée par Bacchus, c'est-à-dire, et j'en suis bien fâché pour elle, par le vin !

« En somme, de tous les amoureux, il n'y a guère que Renaud de Montauban qui se soit guéri de son amour en buvant de l'eau, — encore était-ce de l'eau extraordinaire, puisqu'il la puisa dans une fontaine qu'on n'a jamais pu retrouver. »

« Je te citerai enfin Roland, qui se guérit de son amour en buvant quelque chose…; mais ne pouvant te dire le nom de la liqueur qui le sauva, je me contenterai de t'apprendre qu'elle ne se trouve que dans la lune, et qu'il fallut la lui faire boire par le nez. Il est vrai que la cure était difficile, car ce paladin était furieusement amoureux. »

« — Monsieur, répondit le pauvre garçon, je ne connais ni Bacchus, ni Thésée, ni Ariane, ni Ovide, ni Renaud, ni Roland, ni aucun de ceux, ni aucune de celles dont vous me parlez; mais je suis mouillé jusqu'aux os, et je crois que vous avez raison ; dès demain, je mettrai à profit vos conseils. — Pour le moment, nous irons, si vous le voulez, chez mon père, qui tient une petite auberge au bas de l'église que l'on aperçoit d'ici, et nous y ferons sécher nos habits. Quand on apprendra chez nous que vous m'avez sauvé la vie, vous y serez le bienvenu. »

Walter ayant accepté, nous entrâmes bientôt dans cette auberge. — C'était un dimanche : — elle était pleine.

Dès qu'on y sut ce qui s'était passé, et que le pauvre père avait failli perdre son fils, et que l'amour aurait été la cause de ce malheur, il se dit aussitôt, par les braves gens qui se trouvaient là, plus de mal de cette passion et plus de mal des femmes que je n'aurais cru possible ou même juste qu'on en pût dire, dans quelque circonstance que ce fût.

Le maître d'école de l'endroit, qui paraissait être un des habitués de la maison, était le seul qui ne jetât pas les hauts cris.

« On ne peut pas s'étonner, disait-il, de ce qui vient d'arriver à un simple berger, quand on pense que le grand César, et tous les empereurs romains, — qu'Agamemnon, le roi des rois! — et le bon roi Dagobert lui-même..... »

Mais il avait envisagé avec tant de soin ce côté inté-

ressant de l'histoire des hommes célèbres, et son érudition en ce genre était si vaste, que j'essaierais en vain de nommer tous ceux dont il eut à parler, la liste en étant tellement considérable que la nuit vint avant qu'elle fût épuisée.

Walter, — comme Rodomont écoutant l'histoire de Joconde, — gardait le silence, d'où je conclus que sa douleur ne pouvait lui venir et ne lui venait en effet que d'une femme. Pour moi, je ne pouvais faire qu'une fort triste figure, car tout ce qui se disait tournait à ma confusion. — Qu'étais-je, en effet, sinon un de ces cœurs sans force et sans vertus dont on flétrissait avec tant de raison les faiblesses et les lâchetés?

Parmi toutes les histoires auxquelles donna lieu l'aventure du jeune berger, je n'en ai retenu qu'une, qui fut racontée par un très-aimable vieux bonhomme dont j'ai oublié le nom.

Voici cette histoire, que je donne ici parce qu'elle s'y trouvera plus à sa place qu'on ne pourrait le croire.

LES AMOURS

DU PETIT JOB ET DE LA BELLE BLANDINE.

I

Dans la ville de *** se trouvait une belle église que chacun admirait. Au-dessus de cette église était un beau clocher, dans ce beau clocher une belle cloche sonore, et cette belle cloche avait un gentil sonneur qu'on appelait le petit Job.

Si vous tenez à savoir pourquoi le petit Job s'appelait ainsi, je vous dirai que par une assez froide matinée de février il avait été trouvé, au milieu du parvis de l'église, couché sur une demi-botte de paille et à peine enveloppé dans de pauvres langes, par un des bons prêtres qui desservaient l'église dont il s'agit, au moment même où ce bon prêtre allait dire sa messe de tous les matins.

Le charitable abbé, voyant ce petit enfant à demi nu, et presque mort de froid, s'était baissé pour le ramasser, l'avait réchauffé dans sa soutane et puis confié à un sacristain qui était un brave homme. — Après quoi, il avait dit sa messe comme à l'ordinaire, en ajoutant toutefois à ses prières une prière encore plus fervente que les autres pour l'orphelin que le ciel venait de lui envoyer.

La messe dite, le digne homme s'en était allé à la sacristie; des arrangements avaient été pris entre lui et le sacristain, et il s'en était suivi que le petit Job, qui, une demi-heure auparavant n'avait de fortune que sa demi-botte de paille, avait trouvé heureusement deux protecteurs, l'abbé d'abord et le sacristain ensuite, et aussi une maison, la maison du bon Dieu, une belle église.

Et quand on l'avait baptisé, on l'avait nommé Job, en mémoire de la paille sur laquelle on l'avait trouvé.

II

Le petit Job habitait avec le sacristain une maisonnette qui était bâtie au pied de la tour qui conduisait à l'horloge. Quand il fut un peu grand, on l'employa au service de l'église; il balayait la sacristie, faisait reluire les chandeliers, remplissait les bénitiers dès qu'ils étaient vides, et servait la messe au besoin. Mais, ce qu'il faisait le mieux et avec le plus de plaisir, c'était tout ce qui concernait le service de l'horloge: aussi était-il dans les bonnes grâces du vieux sonneur.

Il faut que je vous parle de cette horloge renommée pour sa grande beauté et qu'on venait visiter de cent lieues et plus à la ronde.

Elle se composait, comme toutes les horloges, de rouages extrêmement compliqués, et marquait l'heure au temps vrai et au temps moyen avec une ponctualité qui eût fait honneur au soleil lui-même. Mais ce chef-d'œuvre, enfermé dans son clocher, aurait pu traverser les siècles si l'habile ouvrier, son auteur, n'y avait joint ce qui pouvait charmer les yeux de la multitude. Je ne parlerai ni des douze apôtres ni de l'histoire tout entière de la Passion qui s'y voyaient représentés, mais je dirai seulement que sous le cadran de l'horloge, et en face du soleil levant, se trouvait une niche taillée dans la pierre et que deux volets richement dorés et ciselés fermaient hermétiquement.

Dans cette niche habitait une gentille petite femme, haute de trois ou quatre coudées à peu près, et qui vivait là depuis que l'horloge avait été scellée dans le mur.

III

Blandine était son nom.

On lui avait donné ce nom parce qu'elle était blanche, parce qu'elle était douce, et surtout parce qu'elle était gracieuse.

Une demi-minute avant l'heure, Blandine ouvrait elle-même les deux battants de la porte de sa petite demeure, elle s'avançait hardiment jusque sur la plate-forme, saluait les quatre parties du monde, puis, tenant d'une main un tympanon, et de l'autre un petit marteau d'un acier fin et brillant, elle regardait le ciel comme pour prendre les ordres du soleil, et commençait de frapper à intervalles mesurés les coups qui marquaient l'heure. Après quoi, mettant le tympanon et le marteau dans sa poche, elle prenait une viole d'amour qu'elle portait suspendue à son cou par un beau cordon filé d'or et de soie, et en tirait des sons si célestes et si doux pendant deux minutes au moins, qu'on eût dit sainte Cécile ressuscitée.

On assurait qu'il ne s'était peut-être jamais commis de crime dans la ville de ***, dont presque tous les habitants passaient pour être bons et humains, et on l'attribuait à cette douce petite musique qui se faisait entendre régulièrement d'heure en heure et qui ne leur suggérait que d'honnêtes pensées.

Lorsque Blandine avait donné sa sérénade, elle laissait retomber sa viole, saluait de nouveau, et de la meilleure façon du monde, et rentrait dans sa cellule dont elle fermait soigneusement les volets. Il y en avait alors pour une heure d'absence, et c'était bien long, car on ne se serait jamais lassé de la voir et de l'entendre, tant elle était avenante et habile musicienne.

Ceux qui aimaient le merveilleux — pourquoi faut-il qu'on ait tort d'aimer le merveilleux! — ceux-là disaient qu'elle n'était pas ce qu'elle paraissait être, une simple figure de bois, et racontaient qu'elle avait été l'amie, la meilleure amie du mécanicien pendant qu'il fabriquait son horloge, et qu'un jour, voyant son désespoir de ne pouvoir donner de la vie et du mouvement à cette petite figure sculptée avec tant d'art, et qui devait sonner les heures, elle avait vendu sa part de paradis au diable pour qu'il lui fût permis d'animer de son âme l'œuvre de son ami, et que son nom arrivât ainsi à la postérité tout couvert de gloire, pour avoir fait un travail si miraculeux.

Mais on dit bien des choses, et il ne faut pas tout croire. Pourtant ce qui donnait quelque créance à cette histoire, c'est qu'on savait que la maîtresse de l'horloger s'était appelée Blandine comme la statue, et puis surtout parce que, à certains jours, la petite Blandine de bois paraissait être pour de bon une créature animée.

Alors sa figure était plus riante, son sourire plus doux encore, et les sons de sa viole plus suaves et plus mélodieux.

Aussi ces jours-là étaient-ils des jours de fête dans le pays ; et les bourgeois de la ville, en se promenant le matin sur la place de la cathédrale, disaient-ils : « Nous aurons une bonne journée, Blandine est de bonne humeur aujourd'hui, ses yeux sont plus bleus qu'à l'ordinaire, et elle a encore mieux joué que d'habitude. »

Les plus âgés avaient remarqué que l'approche du beau temps exerçait une grande influence sur le caractère assez fantasque de Blandine, et que ses caprices, comme ceux de presque toutes les jolies personnes, avaient souvent une cause puérile,—je dis puérile, mais puérile en apparence seulement, car tout est sérieux, au fond, dans ce monde léger.

IV

En voilà assez, trop peut-être de Blandine, revenons s'il vous plaît au petit Job, qui, dès qu'il fut en âge d'aimer,— pour les malheureux cet âge vient de bonne heure, — l'avait aimée d'une si grande amitié, qu'il interrompait toujours son travail et même ses jeux pour venir la contempler quand elle se montrait sur la plate-forme, et qu'un des accords de la viole d'amour suffisait, au plus fort de ses colères d'enfant, pour le calmer et le rendre doux et patient comme un saint, — non comme un saint de chair et d'os seulement, mais comme un des saints de pierre qui ornaient les portiques de la cathédrale.

Il va sans dire que l'amour de Job pour Blandine augmenta avec l'âge et devint bientôt une grande et véritable passion, une de celles qui ne peuvent avoir de fin parce qu'il semble qu'elles n'aient point eu de commencement.

Vous croyez peut-être que Job se désespéra une seule fois à la pensée qu'il aimait une petite femme de bois, une statue! Ah bien oui! est-ce qu'il y a des statues pour les amoureux? Blandine eût été de marbre, elle eût été de fer, elle n'eût su remuer ni les bras, ni les jambes, ni les yeux, elle n'eût su ni marcher ni sourire, elle n'eût eu enfin ni les grâces — ni les articulations qu'elle avait, que le bon Job l'eût aimée tout de même et ne se fût pas pour cela avisé de penser que dans cette charmante créature il se pouvait qu'il n'y eût pas plus de cœur et d'âme, et de souffle divin que dans toute autre poupée. Qu'importe d'ailleurs, quand il ne s'agit que d'aimer, qui on aime et comment on aime, — le tout étant d'aimer.

Aussi résolut-il tout bonnement de passer sa vie entière auprès d'elle.

V

Sur ces entrefaites le vieux sonneur mourut. Ce fut un grand malheur pour Job, car l'idée lui vint de supplier l'abbé, qui était devenu curé, de lui faire avoir la place du défunt, donnant pour raison qu'ainsi il ne s'éloignerait ni de ses bienfaiteurs ni de son église bien-aimée ; mais de Blandine, bien qu'il ne pensât qu'à elle, il ne dit mot, ce qui montre combien il l'aimait ; l'amour vrai étant, de son essence, discret — et même muet.

Mais, dira-t-on, dans la mort du sonneur, le mal fut pour celui qui mourut. Pour Job, où pouvait-il être ? Du moment où il aimait Blandine, tout ce qui avait pour fin de le rapprocher d'elle ne devait-il pas être regardé comme un bonheur pour lui ? Prétendriez-vous dire qu'il faut fuir ce qu'on aime ?

Pour ceci, il se peut que la suite de cette histoire nous l'apprenne. Quant à moi, je me garderai bien d'avoir un avis en pareille matière.

Ou bien, — dira-t-on encore, — comment se fait-il que Job aimât Blandine d'un tel amour, qu'il songeât à lui consacrer sa vie ? L'amour d'ordinaire veut être partagé, et le plus sincère ne vit encore que de retour. La petite sonneuse, la petite joueuse de viole avait-elle donc de l'amour pour lui ?

Certes, voilà une question qui méritait bien d'être faite, quoique, pendant longtemps, il eût été absolument impossible d'y répondre.

Néanmoins, s'il faut le dire, — on est bien crédule quand on aime, — Job osa croire plus d'une fois que le cœur de Blandine, que ce cœur de bois répondait à son cœur ; et quand elle jouait sur sa viole ses plus touchantes mélodies, en jetant sur lui un long regard où se peignait le plus tendre encouragement, cent fois, mille fois il avait été sur le point d'escalader la plate-forme pour aller jurer à ses pieds de vivre et de mourir en l'aimant. Mais cent fois, mais mille fois il s'était arrêté, espérant qu'elle le devinerait et qu'alors peut-être elle l'aiderait à parler, ou même, et pourquoi pas? — qu'elle daignerait parler la première; — ou encore, que sans parler ils s'entendraient, ce qu'il eût préféré à tout, — la parole gâtant toute chose.

VI

Le jour de l'installation de Job comme sonneur arriva, et on le conduisit, en grande pompe! à travers les escaliers tortueux, jusqu'à la porte du clocher, dont on lui remit solennellement les clefs.

Sa nouvelle fonction consistait à répéter sur la grosse cloche toutes les heures que sonnait Blandine, et il n'y devait manquer à aucun prix.

En effet, que serait-il arrivé si la petite ville de ***, tout entière, avait été trompée d'une heure! Certes l'univers en eût été troublé.

Job promit et jura tout ce qu'on voulut, et nul ne mit en doute son zèle et son exactitude, parce qu'on le savait honnête par-dessus tout.

Puis on le laissa seul.

De la place où il était obligé de rester pour sonner les heures, et cette place se trouvait précisément à l'opposé de celle de Blandine, Job entendit bientôt le petit bruit sec que faisaient en s'ouvrant les volets de la cellule, et peu après le tintement argentin du tympanon. Il était midi.

Vous dire sa douleur, dès les premiers coups, quand il vit que les devoirs de sa charge exigeaient qu'il tournât le dos à sa chère Blandine, c'est impossible.

Peu s'en fallut qu'il n'abandonnât le poste qui lui était confié, mais l'honneur, — qui est plus fort encore que l'amour dans un cœur bien placé, — l'enchaînait à sa cloche, et il se résigna donc à attendre que le dernier coup fût sonné, — pour répéter à son tour les douze coups qui lui semblaient en être cent mille, et ne devoir finir jamais.

Ils finirent cependant, et Job commença alors de sonner sa cloche en homme désespéré et avec tant de violence, qu'on eût dit qu'il voulait la punir de l'avoir éloigné de celle qu'il aimait.

VII

Toute colère éveille le malin esprit. A ces sons inaccoutumés et qui résonnaient dans le vieux clocher, en l'ébranlant jusque dans sa base, les oiseaux de nuit qui l'habitaient s'éveillèrent

A ces sons inaccoutumés, les oiseaux de nuit qui habitaient le vieux clocher
s'éveillèrent et vinrent voleter autour du novice sonneur.

et vinrent voleter autour du novice sonneur, effleurant ses beaux cheveux blonds de leurs grandes ailes noires, et passant et repassant, et tournoyant autour de lui comme pour le narguer et insulter à sa peine, qui cependant était bien grande en ce moment.

Mais enfin, tout bruit cessa : les chouettes, les hiboux, les effraies, les hulottes et les chats-huants s'éloignèrent ; les douze coups allèrent se perdre dans le passé, et le temps courut de nouveau vers l'heure prochaine.

VIII

Les amoureux croient-ils donc que ce soit sans raison qu'on a, de tout temps, représenté l'Amour avec un bandeau sur les yeux? ne sauront-ils jamais que rien ne gagne, pas même ce qu'on aime, à être vu de trop près ; — et que si l'on était sage... — mais si l'on était sage, serait-on amoureux?...

Job, libre enfin, et furieux d'impatience, laissa là sa cloche et grimpa au plus haut de la plate-forme, au risque de se rompre le cou. Il n'avait qu'une pensée, celle de revoir Blandine.

Mais si prompt qu'il eût été, elle l'avait été davantage, et quand il arriva il était trop tard ! déjà elle était rentrée chez elle !

Il fallait attendre, attendre une heure encore. Sait-on attendre quand on est amoureux ? Combien attendent cependant — qui attendront toujours !

Puisqu'il le fallait, Job attendit donc ; et non-seulement une heure, mais deux, mais trois, mais quatre, et tant et tant, en un mot, que toute cette journée se passa, pour lui, — entre son devoir, qui à chaque heure, le rappelait à sa cloche, et son amour, qui le ramenait vers Blandine, — à fatiguer l'espérance : car, quoi qu'il pût faire, les heures se succédèrent sans qu'il fût venu à bout d'apercevoir Blandine. Il faillit en devenir fou.

Le pauvre enfant avait bien eu un instant la pensée d'aller frapper à la porte de sa bien-aimée, mais il ne l'osa pas.

Il ne l'osa pas, — tant qu'il fit jour ! Mais enfin — vint la nuit ! — la nuit qui aime les amoureux, et sur laquelle, à ce titre, il avait bien le droit de compter.

Quant ce fut minuit passé, Job, tout à la fois tremblant et résolu, s'approcha sans bruit de la petite cellule. Ah ! combien son cœur battait ! et la .....

Mais cette fois ce fut tout ce qu'il put faire, et, se sentant mourir devant cette porte toujours fermée, il s'en retourna comme il était venu, remettant au lendemain à être, non plus amoureux, mais plus brave.

Vous qui riez de Job et de sa timidité, vous n'eussiez pas fait mieux que lui, ou vous n'avez jamais eu à frapper pour la première fois à une porte qui, après tout, pouvait bien ne pas s'ouvrir.

Le lendemain, à la même heure, — j'aurai le courage de le dire — Job n'en fit pas plus que la veille. Et ce ne fut que le surlendemain qu'il trouva la résolution qui jusqu'alors lui avait manqué. — Pour s'ôter toute réflexion il courut droit à la porte, et d'une voix toute frémissante de crainte et d'amour, il vint à bout d'appeler par trois fois : — Blandine ! Blandine ! Blandine !

IX

La vérité est que rien ne lui répondit qu'un soupir plaintif ; mais ce soupir était si doux — et d'une expression si tendre, que le plus timide s'en fût trouvé encouragé et satisfait ; aussi Job, ravi et plus heureux et plus riche mille fois qu'il n'avait jamais espéré l'être, crut-il qu'il n'avait plus rien à demander ni à Dieu, — ni même à Blandine, et qu'il n'en demanderait jamais davantage.

Il tomba à genoux, et ce qui se passa dans son cœur vous le savez si vous aimez, et si vous n'aimez pas, vous ferez bien d'aimer pour le savoir.

Ce qu'on en sut, du reste, c'est parce que l'amour se trahit toujours de quelque façon.

On assure que le lendemain Blandine enchanta les habitants de la ville par les harmonies charmantes et interminables de sa viole, et que Job sonna sa cloche avec tant d'adresse, et d'entente de la musique, qu'on s'arrêtait dans les rues pour écouter l'heure sonner, et il fut décidé que, dans une nuit, il avait laissé loin de lui le vieux sonneur expérimenté, et qu'il pouvait en remontrer à tous les sonneurs du monde.

Pendant six mois et plus, toutes les fois que minuit venait de sonner, Job revint à la même place, et ce fut là tout son bonheur, — bonheur digne d'envie ! Car chaque jour un soupir lui répondait, et ce n'est pas rien qu'un soupir quand c'est celui qu'on attend.

X

Voulez-vous donc savoir où habita le bonheur pendant cette demi-année, que personne peut-être ne put le rencontrer ailleurs? Il s'était réfugié dans ce clocher et s'y cachait à tous les yeux. Pourquoi n'y resta-t-il pas, sinon parce qu'il est inconstant et que souvent il s'en va de lui-même et d'où il est le mieux, — sans qu'on en sache la raison.

XI

Jusqu'ici je me suis contenté, historien fidèle, de parler de Job et de sa vie, sans presque risquer un jugement sur ce qu'il faisait ou ne faisait pas; mais qu'on me permette enfin de le blâmer, quoiqu'il m'en coûte, et de dire qu'il eut grand tort de ne pas se contenter du bonheur qu'il avait.

Pour moi, si j'étais heureux, — et il se peut que je ne le sois pas, — j'aurais grand soin de mon bonheur — si petit qu'il fût, et grand'peur de le compromettre, en voulant l'augmenter.

Le cœur n'a d'infini que le désir, — aussi doit-on croire qu'en toutes choses, et surtout quand il s'agit d'aimer, il est sage de rester à mi-route, aucun but ne pouvant être complétement atteint par nous en cette vie.

Mais chacun sait qu'il y a mille manières de raisonner sur un même sujet, et comme Job raisonnait en amoureux, ce qui est la pire de toutes les manières de raisonner, il était bien loin de penser comme moi sur tout ceci, car chaque jour le soupir de Blandine lui paraissait devenir plus tendre.

Un jour, jour heureux! — jour fatal! ce soupir sembla lui dire tant de choses, que le pauvre enfant, emporté par la violence de sa passion, eut le courage, — dans son délire, — de frapper à la petite porte en s'écriant de toutes les forces de son âme : Blandine, m'aimes-tu? Blandine, aime-moi!

Alors, dit-on, se vit ce qu'on n'avait jamais vu. Car, — contre toutes les lois de la science, — la porte s'ouvrit!... et Blandine parut sur le seuil.

Elle aimait Job.

Mais au moment même où celui-ci, éperdu, ivre de joie, se précipitait dans la petite cellule, la cloche, — chose effrayante! — se mit à sonner toute seule, et dans le silence de la nuit son glas était si lugubre, que les habitants de la ville de ***, épouvantés, se réveillèrent en sursaut, croyant qu'il s'agissait tout au moins de la fin du monde. Ce n'est pas tout! presque au même instant, un bruit terrible, plus terrible que celui du tonnerre, éclata au-dessus du vieux clocher, et l'horloge merveilleuse s'écroula — brisée en mille pièces!

Le lendemain, quand le jour parut, et que les habitants de la ville de ***, revenus de leur terreur profonde, se

La porte s'ouvrit!.. et Blandine parut sur le seuil.

hasardèrent à pénétrer dans l'intérieur de l'église, on ne retrouva pas le plus petit vestige de cette horloge qui avait fait la gloire de leur contrée, — et de Blandine encore moins, — et de Job, — pas davantage.

Ce qu'on regretta le plus dans le pays, naturellement, ce fut l'horloge, — et aussi un peu Blandine, — à cause de sa viole.

Quant à Job, quelques bonnes âmes plaignirent sa triste destinée, on s'occupa de lui pendant huit jours, — après quoi on l'oublia ; on le savait mort, et que tous les souvenirs ni tous les regrets du monde ne l'eussent pas ressuscité.

Heureux Job, en ceci ! Combien en effet qui ne sont pas morts — et qui déjà sont oubliés !

XII

Conclusion.

Il va sans dire qu'il se fit, pour expliquer ce désastre, plusieurs versions dans la ville de ***.

La plus répandue, parmi les bonnes femmes, fut celle-ci, à savoir que Blandine, qui aimait éperdument le petit Job, l'ayant reçu dans sa cellule, oublia tout ! et même de sonner l'heure ! Ce qui, aux termes de son pacte avec le diable, devait donner à Satan plein pouvoir sur elle ; aussi n'aurait-il pas manqué, dit-on, de l'emporter au fond des enfers avec son amoureux !

Quant à moi, je ne crois point à ceci et je n'y veux point croire. J'aimerais mieux penser, dans tous les cas, que Dieu, dont la bonté est infinie, n'aurait point abandonné ainsi, au dernier moment, le pauvre Job et la belle Blandine, — aimer n'étant point un si grand crime.

Je penserai plutôt, avec ceux qui expliquent tout, que le mécanicien, —jaloux de son œuvre, — avait en effet, comme certains chroniqueurs l'attestent, construit son horloge merveilleuse de telle sorte, qu'au moyen d'un ressort secret qui aboutissait à la plate-forme, la machine devait infailliblement se disloquer tout entière au moment où un autre que lui mettrait le pied dans la cellule de Blandine, ce qui expliquerait suffisamment la catastrophe que je viens de raconter, — à moins pourtant qu'il ne soit plus vrai de dire, avec quelques autres, que Job, furieux de voir qu'il n'avait eu affaire qu'à une statue, et qu'en vain il chercherait un cœur dans cette trompeuse image, détruisit lui-même son idole, et s'ensevelit avec elle sous les ruines de l'horloge.

Si cette version est la bonne, — Job eut tort peut-être, et pour sûr il n'eut pas raison ; — il ne faut jamais brûler ce ce qu'on a adoré, l'idole fût-elle de bois. D'ailleurs, n'y a-t-il donc que les statues qui n'ont pas de cœur en ce monde? et où en serions-nous, grand Dieu! si tous les amoureux déçus devaient se venger de la sorte?

Jean, les coudes appuyés sur la table, ne disait mot

Les longues histoires ont ceci de bon qu'elles disposent merveilleusement au sommeil. Quand celle-ci fut finie, il était tard. Chacun éprouvant le besoin de se mettre au lit, toute la compagnie se leva, et nous fûmes bientôt seuls, Walter et moi, devant nos verres.

Comme j'ai résolu de ne point mentir, j'ajouterai qu'on les avait remplis si souvent, qu'autant qu'il m'en souvient, je ne voyais guère Walter qu'à travers un nuage. La table tournait, ou semblait tourner, et j'aurais juré, s'il l'eût fallu, que nos verres venaient s'offrir d'eux-mêmes à nos lèvres et bondissaient autour de nos têtes.

Jean, les coudes appuyés sur la table, ne disait mot ; sa bonne humeur avait disparu et il avait repris sa figure de fantôme.

— A quoi penses-tu ? lui dis-je.

— Je pense, me dit-il, que ce conte bleu est mon histoire, et que j'ai été aussi naïf que le petit Job.

— Quoi ! répliquai-je, — tu aurais aimé une statue ?

— Toutes les femmes sortent un peu de Sodome, me répondit-il, quel que soit donc le chemin qu'on ait fait avec elles, il arrive toujours qu'à un certain point de la route, on s'aperçoit, si l'on jette un regard en arrière, que celle-là même qu'on avait placée à côté des anges s'est, comme la femme de Loth, changée en statue.

« Allons, allons, dit le personnage qui avait raconté l'histoire de Job, et qui était rentré sans que nous l'eussions remarqué, l'aventure de Loth ne prouve qu'une chose, c'est que ce patriarche a eu grand tort de se retourner pour regarder sa femme, qui, certes, n'en eût point fait autant pour lui, — attendu que les femmes ne regardent jamais ce qu'elles laissent derrière elles. »

Et s'adressant alors plus particulièrement à Walter : « Si vous êtes amoureux, tant pis pour vous ! Quoique l'amour soit toujours le feu du ciel, et qu'on meure rarement de ses brûlures, c'est un feu qu'on doit craindre ; et dût-on, nouveau Prométhée, animer une nouvelle statue, il faudrait encore se garder de le dérober, la boîte de Pandore pouvant se rouvrir à toute heure.

« De tout ce qui a été dit depuis ce matin il ne résulte rien, sinon que tant qu'il y aura une femme, il y aura quelque chose de nouveau à dire sous le soleil ; et il n'en faut rien conclure non plus, sinon qu'elles ne sont point parfaites, ce dont je trouve qu'on aurait grand tort de se plaindre ; — mon opinion étant que si elles

Et je la voyais assise auprès de notre arbre favori........
et pleurant........

l'étaient, nous serions obligés de les aimer éternellement, ce qui pourrait bien être au-dessus de nos forces. »

— Pour moi, dit Walter en se levant, je suis ce soir de l'avis d'Arlequin, et je me sens disposé à soutenir avec lui que l'univers irait bien mieux s'il n'y avait ni hommes ni femmes. Allons nous coucher.

———

Mais, — et sans doute, le sort jaloux avait décidé qu'il en serait ainsi, au lieu de dormir de ce tout-puissant sommeil qui, selon l'expression des poëtes, suspend les misères, parce qu'il est le frère de la mort, — j'eus le malheur de rêver : ce qui, à tout prendre, est aussi fatigant que de vivre, quand le rêve n'est pas bon.

D'abord tout alla bien, et mon songe, sans être doré, semblait être cependant un de ceux qui sortent par la porte d'ivoire. Car je rêvais de Marie, et je la voyais dans le petit bois qui avoisine la maison de sa mère, assise au pied de notre arbre favori et pleurant à chaudes larmes.

« Eh quoi! dira-t-on, oses-tu bien appeler ceci un
« bon rêve? »

Lecteur, sois sincère, et conviens avec moi que si tu étais séparé de celle que tu aimes, tu ne serais pas fâché d'apprendre qu'elle se morfond à t'attendre et qu'elle fait, comme la triste Fleur d'Epine, de ses yeux deux fontaines.

Mais bientôt,—était-ce la porte de corne qui s'ouvrait? — ce beau songe se gâta. Ce n'était plus moi que Marie cherchait, ce n'était plus moi qu'elle attendait, qu'elle rencontrait, qu'elle pleurait dans ce petit bois où chacun de ses regards aurait dû retrouver mon souvenir; et elle disparaissait, non seule et triste comme je l'avais vue d'abord, mais gaie, joyeuse et infidèle, avec un jeune et beau cavalier qui m'avait remplacé dans son cœur.

Mon âme troublée ne me montra plus alors que d'affreuses visions auxquelles une nourrice elle-même n'aurait pu trouver aucun sens.

Dans celui qui m'avait ravi ma fiancée, je crus tout à coup reconnaître Walter lui-même; et, n'écoutant que ma fureur, je tournai contre lui mon épée, et le traversai de part en part. Mais par bonheur il n'en mourait pas, et bientôt après j'avais la satisfaction de le retrouver en parfaite santé et assis tranquillement auprès de son propre cadavre, de façon que je le voyais à la fois mort et vivant.

Et elle disparaissait avec un jeune et beau cavalier qui m'avait remplacé dans son cœur.

Et n'écoutant que ma fureur, je tournai contre lui mon épée, et le traversai de part en part.

Mais heureusement il n'en mourait pas. . . . . de façon que
je le voyais à la fois mort et vivant.

De la porte de cette tour sortait une interminable procession de graves personnages qui me saluaient en passant avec une politesse glaciale qui m'épouvantait

A ceux-là succéda un groupe de hideuses figures, dans lesquelles j'eus la douleur de reconnaître un grand nombre de mes amis.

Après quoi, mon lit fut transporté, sans que je susse comment, auprès d'une vieille tour en ruines, et de la porte de cette tour sortait une interminable procession de graves personnages qui me saluaient en passant avec une politesse glaciale qui m'épouvantait.

A ceux-là succédait un groupe de hideuses figures dans lesquelles j'avais la douleur de reconnaître un grand nombre de mes amis, — etc., etc.

Mais je n'en finirais pas si je voulais tout dire.

———

Bientôt ces confuses images s'effacèrent et firent place à d'autres dont la netteté au contraire m'épouvanta.

Je me trouvai avec Jean au pied d'une haute montagne, et je vis venir de loin par deux chemins dont l'un aboutissait à ma droite, et l'autre à ma gauche, deux femmes de haute taille, qui s'avançaient vers nous d'un pas égal.

Toutes deux me parurent belles et pleines de majesté, seulement je remarquai que les fleurs naissaient, que les prés verdoyaient et que les arbres se couvraient de feuilles et de fruits sur le passage de celle qui était à ma droite, — tandis que la terre se séchait sous les pas de l'autre, comme si elle eût traîné après elle la destruction.

Et elles se ressemblaient tellement qu'on aurait pu les prendre l'une pour l'autre, si la première, — qui était la Vie, — n'avait eu les lèvres aussi roses que l'autre, — qui était la Mort, — les avait pâles et froides.

Et à mesure qu'elles approchaient, je me sentais saisi d'une indicible angoisse.

Quand elles furent à quelques pas de nous, celle qui était la Vie, se mettant entre la Mort et nous :

— Je t'arracherai cette proie, dit-elle, ces deux enfants sont mes enfants chéris, ils ne veulent pas mourir encore !

— A t'en croire, répondit la Mort en écartant son voile et en découvrant tout à fait son visage, qui nous apparut à la fois terrible et charmant, la Mort ne saurait être aimée. Oublie-tu donc que les plus illustres de tes fils, las d'attendre en vain sur cette terre l'effet de tes stériles promesses, t'ont quittée pour me suivre, — et que j'ai trouvé en eux des amants passionnés !

— Hélas ! hélas ! s'écria la Vie...

— De tous les points de ce vaste empire, reprit la Mort, je m'entends appeler ; et ceux qui m'appellent.... ce sont tes enfants, ceux-là même auxquels, jour par jour, tu partages en bonne mère l'inépuisable trésor de misères dont tu disposes, — sans oublier, dans la part de chacun, le mal horrible de l'espérance, ce mal du lendemain, dont le remède n'est qu'en moi.

Et se tournant alors vers nous :

— Tout ce qui a été créé, dit-elle, a été créé pour vivre et pour mourir ; — l'heure de mourir est venue : allons Franz ! allons Walter !

— Quand j'aurai revu celle que j'aime ! m'écriai-je.

— J'espère encore, murmura Walter à son tour.

— Tu le vois, dit la Vie, ils ne veulent pas mourir. O Mort ! laisse-toi fléchir.

Et alors, la terrible déesse ayant jeté sur nous un regard — de pitié ou de dédain :

— La Mort, l'inévitable Mort peut attendre, dit-elle.

Et elle s'éloigna.

Cependant la Vie nous prenant par la main, et nous montrant les sentiers fleuris qu'elle venait de parcourir et les campagnes cultivées, et les moissons qu'elles promettaient :

— C'est par ici qu'il vous faut marcher, nous dit-elle, — et non par-là !

Et du doigt elle nous désignait les sombres routes dans lesquelles s'était engagée sa redoutable compagne, — et nous vîmes avec horreur qu'elles étaient couvertes de morts et de mourants, tristes époux que déjà la Mort avait laissés derrière elle.

O pouvoir des rêves ! la Mort elle-même n'eut pas plutôt disparu dans un gouffre béant, que je ne pensai plus à elle.

J'avais tort pourtant, car elle n'est jamais loin.

Des cris : au feu ! se faisaient entendre, et les clameurs du dehors m'avertissaient assez qu'il n'y avait pas une minute à perdre. Déjà la fumée nous enveloppait et les planchers disjoints craquaient sous nos pas. Je n'eus que le temps de réveiller Walter, et nous nous échappâmes à grand'peine par la porte de la basse-cour, que nous trouvâmes, du reste, dans le plus grand désordre.

C'est par ici qu'il vous faut marcher, nous dit-elle, et non par là

Nous nous échappâmes par la basse-cour, qui du reste était dans le plus grand désordre.

Un petit valet de ferme vint nous ouvrir.
Il n'était pas beau, mais à quoi lui eut-il servi de l'être ?

A la lueur de l'incendie, ses habitants ressemblaient à tout, excepté à de simples oiseaux qu'ils étaient cependant. De la basse-cour, et toujours poursuivis par les flammes, nous gagnâmes un enclos dont la porte donnait sur la campagne; un valet de ferme vint nous l'ouvrir. — J'ai remarqué que dans les moments les plus importants de la vie, et au milieu des plus grands périls, il arrive souvent qu'on est frappé par des détails tout à fait insignifiants. Je vois encore ce valet de ferme avec sa lanterne à la main; elle était de luxe en ce moment, car l'incendie avait fait de la nuit le jour. La grimace qu'il faisait était si singulière, que je ne pus savoir s'il riait ou s'il pleurait; — en tous cas, il n'était pas beau; mais à quoi lui eût-il servi de l'être? nos chevaux, sans doute, l'avaient trouvé très à leur gré quand il leur avait donné du son et de l'avoine.

Avant de refermer la porte sur nous, poussé vraisemblablement par un sentiment d'humanité, dont nos bêtes exténuées durent lui savoir un gré infini, il nous cria en italien, mais avec un accent allemand très-prononcé, et d'une voix qui témoignait assez de la sympathie qu'il avait, sinon pour nous, au moins pour nos montures :
« *Le voyageur doit avoir soin de son cheval.* »

Je m'étonnais que ce pauvre diable parlât l'italien, et j'admirais comme un trait de caractère assez bizarre qu'il eût su découvrir dans l'Arioste le seul vers peut-être qui pût s'adresser à un homme de son humble profession, quand survint entre Walter et moi une difficulté qui ne laissait pas d'être grave, puisqu'elle était inattendue.

De tout temps il avait été convenu que dans nos courses, quelles qu'elles fussent, le hasard, cette providence des gens qui n'ont rien de bon à faire, serait notre bâton de voyage et notre arbitre suprême, et que, pour n'avoir jamais à nous inquiéter de notre route, nous irions tout droit devant nous, — tout chemin — pourvu qu'il eût une issue — étant bon pour des gens qui voyagent sans but, et, si l'on veut, sans raison, par amour pour le mouvement enfin, et uniquement pour changer de place.

Si cette imprévoyance avait besoin d'excuses, nous pourrions la justifier par de fameux exemples.

Énée, après la ruine de Troie, s'embarqua avec ce qui restait de ses compatriotes, sans savoir où les vents le pousseraient, et demanda au hasard de lui indiquer où il devait fonder sa ville nouvelle :

> Incerti quo fata ferant, ubi sistere detur.

Et après le héros troyen, un héros non moins illustre, Don Quichotte, — sorti un matin de chez lui par une porte de derrière, — se trouva par un soleil ardent dans la plaine de Monciel, sans savoir plus qu'Énée où il allait, et sans s'en embarrasser plus que nous.

Quoi de plus triste, en effet, qu'un voyage dont on sait le terme? Avant d'être à Rome, vous serez las de Rome elle-même, si Rome est sans cesse devant vos yeux; et d'ailleurs, puisqu'il n'est que trop certain que tout chemin y mène, à quoi bon choisir? pourquoi s'ôter le bénéfice de cette question : — Où sommes-nous?

Or, voici ce qui nous arrêtait.

Nous nous trouvions à l'embranchement de deux routes, ce qui n'est point aussi simple qu'on pourrait le croire.

Laquelle prendre? — et pourquoi celle-ci plutôt que celle-là?

Des esprits légers et inconséquents pourraient seuls méconnaître la gravité d'une pareille situation.

Tous les docteurs du moyen âge, saint Thomas, Duns-Scott, saint Bonaventure, etc., — les uns disant oui, les autres disant non, — ont été arrêtés par une question qui certes n'avait pas plus d'importance.

Il s'agissait pour eux de savoir si, — étant admise comme il est juste de l'admettre, l'impossibilité absolue où se trouve toute créature censée de se déterminer entre deux motifs du même poids, d'une valeur *exactement la même*, — si un âne, *également sollicité par la faim et par la soif*, et se trouvant entre un boisseau d'avoine et un seau d'eau, serait fatalement condamné à mourir et de faim et de soif avant d'avoir pu raisonnablement opter entre le boisseau d'avoine et le seau d'eau.

Comme on le voit, c'était pour ces grands docteurs, et surtout pour cet âne, le lieu de dire comme Hamlet :

To be or not to be, that is the question.

« Être ou ne pas être, voilà la question. »

Selon les adversaires du libre arbitre, — (l'âne, partisan sans doute du libre arbitre, combattit en son temps cette conclusion), — selon eux, l'âne devait... mourir ! — selon eux donc, nous aurions dû rester en place, puisque nous n'avions aucune raison pour préférer l'un de ces deux chemins à l'autre.

Mais, ainsi qu'à l'âne, la solution des savants docteurs nous paraissait très-contestable.

Cette difficulté avait bien été, jusqu'à un certain point, prévue : car il avait été sagement décidé entre nous que, si elle se présentait, ce serait à nos chevaux à la résoudre ; et, certes, on ne pouvait faire plus raisonnablement que de s'en rapporter au jugement de deux bêtes aussi éprouvées, l'expérience nous ayant appris que notre confiance ne pouvait être mieux placée.

Chose étrange! dans la circonstance dont je parle et, par un entêtement dont nous étions loin de croire capables des animaux aussi parfaitement unis que les nôtres, le cheval de Walter s'obstinait à aller à droite, tandis que le mien s'obstinait à aller à gauche.

— Voilà qui est singulier, me dit Walter, et véritablement embarrassant.

— Hélas! lui dis-je, qu'allons-nous faire?

« Supposons, me dit-il, que nous soyons en mer : faisons comme les marins : au lieu de regarder à nos pieds, levons les yeux, et cherchons là-haut notre chemin. Tout le monde, dit-on, a son étoile, bonne ou mauvaise; ayons une étoile, qu'elle soit notre but, et marchons vers elle. »

M'ayant alors montré une grosse étoile qui brillait entre toutes les autres d'un éclat incomparable :

« Voilà notre étoile! » dit-il.

Il avait à peine parlé, que, soudain, l'astre qu'il avait désigné, jetant une lueur extraordinaire, se détacha du ciel, glissa dans l'espace, où il traça comme un sillon d'argent, — et s'y perdit!

Je ne sais personne qui puisse être à de certaines heures plus superstitieux que moi. — Si je le dis, ce n'est pas que je m'en vante. — Mais à aucun moment de ma vie, une étoile, voire une étoile qui file, ne sera pour moi une chose indifférente.

Et voici pourquoi.

Je me rappelle que, quand j'étais un petit garçon, j'étais fou de tout ce qui est au ciel. Je n'avais qu'à lever les yeux pour y voir des légions de séraphins aux doux regards, aux ailes de feu; tout ce que j'y voulais voir, en un mot, je l'y voyais.

Aujourd'hui, il m'arrive bien encore de regarder là-haut, et d'y chercher ce que j'y trouvais alors; mais, — ma vue est-elle moins bonne? — ces visions bien-aimées, mon œil ne les atteint plus!

Je parle de mon enfance; c'est aux étoiles qu'il faut que j'arrive, et, auparavant, il faut que je prononce le nom de ma mère.

J'avais alors une bonne, et tendre, et pieuse mère, — que je n'ai plus; — elle me mena un soir à la fenêtre, un soir que j'avais été tout à fait sage; et, me montrant la belle nuit qu'il faisait, et les belles étoiles qui l'éclairaient à l'envi, — elle me raconta que ces belles étoiles étaient les yeux des anges, qui, de là-haut, veillaient la nuit sur le sommeil des enfants dociles, et que

Elle me mena un soir à la fenêtre, et me montrant la belle nuit qu'il faisait.....

plus les enfants avaient été dociles, plus les yeux des anges s'illuminaient au ciel de joie et de contentement.

C'était là un de ces contes que les mères font à leurs enfants, et que les enfants, — qui ont le bonheur de tout croire, — accueillent avec avidité. Aussi, quand venait le soir, et que je me sentais sous ces brillants regards, je devenais, comme par enchantement, le plus obéissant, et (on me l'a dit) le plus aimable petit garçon qui se pût voir. — Si le sang, si l'âge m'emportaient : « Les anges te regardent, me disait ma mère, prends garde ! » Et je prenais garde, pour ne point fâcher les anges.

Ces chères étoiles, comment en parler dignement ? tout éloge qu'on ferait d'elles n'est-il pas insuffisant ? Les poëtes en ont fait de la poussière d'or, ils les ont comparées à tout, au diamant, que sais-je encore ! Il n'y a point de bonne comparaison. Roméo les a comparées aux yeux de Juliette : « Si tes yeux, lui disait-il, prenaient la place des deux astres les plus brillants des cieux, on ne s'apercevrait pas de l'absence de ces astres, et les oiseaux chanteraient toute la nuit sous la feuillée. » On a dit aussi qu'elles étaient les fleurs du firmament. Pour l'amour des fleurs et pour l'amour des beaux yeux, j'admettrais ces deux comparaisons de préférence à toutes les autres ; mais, pourtant, les fleurs se fanent, et les étoiles, si elles sont des fleurs, sont des fleurs qui ne se fanent point : leur printemps là-haut est éternel. Et quant aux yeux, il arrive aux plus beaux de se fermer un jour, pour ne plus se rouvrir, — tandis que chaque soir voit se parer d'un éclat nouveau les doux astres de la nuit.

Toujours est-il que ce que ma mère m'avait dit des étoiles me les avait rendues sacrées, et que je les aimai passionnément jusqu'au jour où, voulant les aimer davantage, je me mis à suivre un cours d'astronomie à l'Université de ***.

Que ne perd-on pas à s'instruire! et qu'il ferait bon souvent avoir les yeux fermés!

Que devins-je quand j'appris que mes belles petites amies n'étaient ni plus ni moins que de gros détestables mondes comme le nôtre, des mondes où il y a peut-être aussi, qui sait? des universités — et des observatoires!

A partir de ce jour les étoiles ne furent plus pour moi que le souvenir, que l'ombre de ce qu'elles avaient été d'abord.

Mais il faut respecter les souvenirs, ces tristes restes, — ces ombres chéries du passé.

Je fus donc contrarié de voir que l'étoile dans laquelle Walter avait mis notre confiance — — avait filé.

« Qui eût pu croire, dis-je à Walter, qu'un astre d'aussi belle apparence fût si près de sa fin? »

Quand je fus au fond de l'étang, je me rappelai ces vers de l'Arioste :
« Il faudrait être bien obstiné pour ne pas crier merci lorsqu'on
a de l'eau jusqu'à la ceinture »

. . . .

—Bah, me dit-il, prenons l'un de ces deux chemins.

—Mais encore, lui répondis-je, lequel? — après un si triste présage!

—Ma foi, s'écria-t-il, je ne vois qu'un moyen de sortir d'embarras: allons à travers champs.

L'idée nous plut, et nous partîmes!

Je pensais au berger, à l'incendie, au valet de ferme, aux étoiles, quand mon cheval, qui rasait la terre presque sans la toucher, s'étant arrêté court, je fus en une seconde lancé dans l'air d'abord, et de là dans l'eau. Hélas! lecteur, n'allez point à travers champs, — rien ne vaut un sentier bien battu, — pourvu toutefois qu'il ne soit pas défoncé.

J'en avais à mi-corps, et j'étais tombé la tête la première.

Quand je fus au fond, j'eus le bon esprit de me rappeler à mon tour ces deux autres vers du divin chantre de Roland, qui paraissaient avoir été faits exprès pour moi : « Il faudrait être bien obstiné pour ne pas crier merci, quand on a de l'eau jusqu'à la ceinture. » Et dès que je fus revenu à la surface, j'employai toutes mes forces à appeler Walter à mon aide.

Mais son cheval l'avait emporté sur une haute montagne, d'où il ne pouvait que me voir, sans m'entendre.

Me trouvant alors seul et loin de tout secours humain, cette situation, qui, dans tout autre moment, ne m'eût paru que ridicule, me remplit d'une inconcevable terreur. Bientôt il me sembla que les oseraies de la rive s'animaient; les ténèbres se peuplaient d'êtres bizarres dont la nature m'était tout à fait inconnue, et j'en vins à voir, aussi distinctement que s'ils avaient existé réellement, des monstres à demi endormis que ma chute semblait avoir tirés de leur profond sommeil; ils s'attachaient à mes pas, et je crus un instant que je ne parviendrais jamais à leur échapper. Ah! combien je regrettai alors ce temps où, avec ma chère Marie, je cueillais sur les bords du Rhin ces petites fleurs bleues qui semblaient s'ouvrir sous ses doigts!

Quand la fraîcheur et la réflexion eurent calmé mes sens, je remarquai avec un vif plaisir que ce que j'avais pris pour des créatures animées n'était autre chose que

Je crus un instant que je ne parviendrais jamais à leur échapper.

Et je pensai, non sans regret, au temps ou, avec ma chère Marie, je cueillais des Vergiss-mein-nicht sur les bords du Rhin.

Nous revîmes, assis sur les ruines encore fumantes de l'auberge, le berger auquel Walter avait sauvé la vie; mais cette fois il n'était pas seul.....

Je me rendis chez le plus célèbre bottier de la ville..

Et chez le tailleur le plus en renom

des plantes aquatiques desquelles mes jambes, paralysées par la frayeur, n'avaient pu jusque-là se débarrasser, ce dont je vins heureusement à bout dès que je sus comment diriger mes efforts.

Jean reparut comme je venais de mener à fin cette grande entreprise.

Mes habits étaient hors de service ; il fallut donc retourner sur nos pas.

— Nous reculons, me dit Walter ; mais où est le mal ? reculer c'est encore marcher.

Je me rendis chez le plus célèbre bottier et chez le tailleur le plus en renom de la petite ville que nous venions de quitter. Ils m'habillèrent de leur mieux, et nous repartîmes, non plus en courant, comme nous l'avions fait, mais pas à pas et tout doucement, comme le roi d'Yvetot.

<blockquote>Rien ne sert de courir, — il faut partir à point.</blockquote>

En repassant devant l'auberge d'où l'incendie nous avait chassés, nous revîmes, assis sur des ruines encore fumantes, le berger auquel Walter avait sauvé la vie. Mais cette fois il n'était pas seul ; aussi, bien que de sa maison il ne restât guère que le seuil sur lequel il se tenait, avait-il l'air le plus heureux du monde.

— Encore ce berger! s'écria Walter.

A côté du berger était une jeune et charmante fille, dans laquelle nous reconnûmes avec étonnement celle-là même dont, la veille, la trahison l'avait mis à deux doigts de la mort.

Quand il nous vit venir à lui, il détourna un instant la tête, comme s'il eût eu honte de nous laisser voir sa faiblesse. Mais néanmoins nous voyant approcher : «

— J'ai tout oublié, nous dit-il.

— Et tu as bien fait, lui répondis-je ; — le repentir vaut presque l'innocence.

La bergère m'entendant, se leva, et me fit une gentille révérence ; et l'heureux berger s'adressant à Walter : «

— Hier, lui dit-il, vous m'avez retiré de l'eau, et je vous ai pardonné ; aujourd'hui je vous remercie.

— Et demain, mon bon garçon, lui dit Jean, que feras-tu ?

Là-dessus nous nous quittâmes.

———

— Mais qui donc réunirait deux êtres qui se sont aimés, si ce n'était le malheur ? dis-je à Walter.

— Il y a une raison à tout, me répondit-il, seulement on ne la connaît pas. Voilà un garçon auquel il ne manquait apparemment, pour que sa maîtresse lui fût fidèle, que deux petites conditions : la première, qu'il se fût jeté à l'eau, où il pouvait se noyer ; — la seconde, que le feu prît à sa maison.

« Après tout, ajouta-t-il, ce qui fait qu'on peut pardonner à beaucoup de femmes de n'avoir pas le sens commun, c'est que, chez elles, c'est souvent le cœur qui est le fou de la maison. Ces deux bergers étant vraiment deux bergers parfaits, je comprends que la pauvrette, dans l'embarras du choix et en l'absence de tout docteur qui pût décider la question, les ait aimés tous deux. Qui sait? il y a peut-être deux cœurs constants dans cette femme infidèle ?

— J'avais tout à fait oublié le second berger, dis-je à Walter.

— Sois tranquille, reprit-il ; tout le monde ne l'oubliera pas, et celle qui vient de l'abandonner l'oubliera moins qu'une autre. Une femme vous trahit, elle vous tue, mais elle vous embaume et elle vous pleure. Il n'y a que ces natures stériles dans lesquelles rien ne germe, chez lesquelles tout a été transplanté et qui ne méritent pas d'arrêter vingt-quatre heures un honnête homme, qui, — ainsi que les peuples barbares après une victoire ou une défaite, — se hâtent d'enterrer leurs morts pour qu'il n'en soit plus question.

— Allons, allons, lui dis-je, il y a encore des femmes qui ne tuent, ni n'enterrent, ni n'oublient personne. Tu as sur le cœur ta statue.

— Mon Dieu, non, me dit-il, j'ai pardonné, — et on ne pardonne que quand on n'aime plus ; — aussi n'est-ce ni une statue ni une femme que je regrette, — mais bien l'amour.

Ici mon bon Jean poussa un gros soupir.

Rien n'est plus opiniâtre qu'une passion invétérée.

Il est plus facile d'allumer un feu que de l'éteindre. L'incendie, dont la cause était une étincelle tombée de la pipe d'un palefrenier, n'avait pas détruit que l'auberge. A quelques pas de là il y avait encore des ruines, et, à côté, de pauvres vieilles gens et des enfants qui se lamentaient et pleuraient comme s'ils eussent dû pleurer toujours.

— Que les enfants pleurent, dit Walter, qui était en veine de raison ou de dureté, — c'est souvent tout un, — cela se comprend : ils ont encore toutes leurs larmes ; mais de vieilles gens devraient-ils se croire inconsolables, — eux qui se sont si souvent consolés.

— Les uns n'ont plus, lui dis-je, et les autres n'ont pas encore la ressource d'être amoureux, c'est-à-dire de tout affronter.

De pauvres vieilles gens et des enfants qui se lamentaient.....

C'est en causant ainsi, et encore autrement, que peu à peu nous fîmes le tour de l'Europe.

Nous avions à peine passé le Rhin, que nous rencontrâmes un homme assis au bord d'un fossé. Dès qu'il nous eut aperçus, il fit quelques pas vers nous ; et après nous avoir regardés avec attention, voyant sans doute que nous n'étions pas les personnes qu'il semblait attendre, il fit mine de se retirer.

Ce qui nous avait le plus surpris dans son action, c'est que, — quoiqu'il eût l'air d'un homme bien élevé, — au lieu de nous saluer comme il eût été poli de le faire, il avait au contraire, en s'approchant de nous, affermi de ses deux mains, sur sa tête, le large chapeau qui la recouvrait.

Lorsque nous fûmes tout près de lui, lisant sans doute notre étonnement dans nos yeux, il nous dit : — Si je ne vous salue pas, messieurs, veuillez m'excuser, mais il fait du vent en ce moment, et si j'ôtais mon chapeau, le peu d'idées qui me restent pourraient bien s'envoler.

— Mon cher monsieur, lui dit Walter, qui ne put s'empêcher de sourire à ce propos, vos idées sont-elles donc enfermées dans la forme de votre chapeau, et non dans votre crâne, comme celles de tout le monde?

— Si vous riez, répondit l'homme au grand chapeau, c'est que vous n'êtes point philosophe : il m'est donc permis de croire que nous pourrons nous entendre ; je vous répondrai alors que ce que vous dites est plus vrai que vous ne pensez, et que mon chapeau seul recouvre mes idées. Si vous êtes curieux d'en apprendre davantage, je vous conterai mon histoire, et pourquoi il m'est désormais interdit de saluer qui que ce soit.

— Nous vous écouterons volontiers, lui dit Walter.

— Asseyez-vous donc là, à mes côtés, reprit-il : car, pour moi, j'ai résolu de ne pas aller plus loin et d'attendre ici celui que j'ai cherché inutilement dans tout l'univers. Un Persan a dit : « Quand tu te seras fatigué dans une poursuite vaine, assieds-toi sur le bord d'un fossé et attends que celui que tu as poursuivi vienne à toi. »

HISTOIRE DE L'HOMME AU GRAND CHAPEAU.

> Le nombre des fous est infini.
> — L'ECCLÉSIASTE. —
>
> D'aucuns sont devenus fous par trop de sagesse.
> — MONTAIGNE. —
>
> ...... Mais de cervelle, point.
> — LA FONTAINE. —
>
> Tout le monde est fou ; — on n'enferme que les plus fous.
> — *** —

I

Dès mon bas âge, dit-il, j'eus du goût pour l'étude; aussi, je savais à peine lire couramment, que mon père, qui était professeur de philosophie dans un collége de province, me fit étudier la métaphysique, si bien, qu'à un âge où les autres enfants savent déjà jouer à la balle ou au cerceau, je ne savais rien, sinon discuter sur le mode et la substance, c'est-à-dire sur le connu et l'inconnu, si tant est que l'un soit plus connu que l'autre.

Je vous dirai en passant que si l'étude avait singulièrement étendu mes connaissances, elle m'avait en revanche rendu très-impropre à tous les soins de la vie ordinaire, de façon que tout en étant un des garçons les plus instruits qu'on pût voir, j'étais en même temps un des plus maladroits et par conséquent un des plus malheureux, l'action la plus simple étant pour moi l'occasion de mille gaucheries et de mille déconvenues.

Pour vous prouver jusqu'à quel point je pouvais être à plaindre, du moment où c'était à mes mains et non à mon esprit que j'avais à demander le moindre service, il me suffira de vous dire que dans mon enfance il ne m'a pas été donné par ma mère — une seule tartine, — soit de beurre, soit de confitures, sans qu'elle soit tombée sur la page du livre que je lisais, et toujours, remarquez-le bien, du côté qui pouvait gâter en même temps et le livre et la tartine.

Non, pas une seule! dit-il avec un geste douloureux que je n'essaierai point de traduire.

Plus tard, continua-t-il, ma gaucherie s'accrut encore, et la fortune se mit si ouvertement contre moi, que chacun de mes efforts, quel que fût son but, avait un résultat contraire à celui que je me proposais, et qu'il suffisait en un mot que je voulusse une chose pour qu'elle tournât à mal.

Et de ma fenêtre, qui se trouvait en face de la sienne, je la voyais tous les jours coudre, broder et tricoter

II

Je ne vous en citerai qu'un exemple qui, m'a-t-on dit, est devenu fameux. Il méritait de le devenir

Il m'arriva un jour, je ne sais comment, d'être amoureux, je crois du moins l'avoir été, et que c'est le seul nom qu'on puisse donner au sentiment qui s'était alors emparé de moi. La jeune personne que j'aimais se maria, et elle fit bien ; car je ne lui avais jamais dit un mot de ma passion, et, ne se fût-elle pas mariée, je n'aurais jamais osé la lui déclarer.

Quand je pense qu'il y a des hommes assez hardis pour regarder une femme en face, pour l'aborder, pour lui serrer la main et pour lui dire, sans mourir de frayeur : « Voulez-vous m'épouser? » je ne puis m'empêcher d'admirer jusqu'où peut aller l'audace humaine.

La jeune personne que j'aimais était ma voisine, et de ma fenêtre, qui se trouvait en face de la sienne, je la voyais tous les jours coudre, broder et tricoter, quand il m'arrivait de quitter des yeux les livres dans la lecture desquels j'étais d'ordinaire absorbé. Je dois ajouter que j'avais grand soin de ne la regarder que quand elle avait les yeux baissés sur son ouvrage, tant j'aurais craint d'être aperçu par elle.

Mais je la regardais !... et, pour tout dire, j'y trouvais un charme secret. La preuve en est, c'est que le jour où elle se maria, comme elle quitta la maison pour suivre son mari, il me sembla si dur de ne plus voir personne à cette fenêtre, que je ne pus lire une ligne de toute la journée, ni penser à autre chose, ni détacher mes yeux du carreau à travers lequel j'avais coutume de l'apercevoir.

Le lendemain, sentant bien que mon désespoir était à son comble, je songeai, — ainsi que mes livres m'avaient appris qu'il était permis et même glorieux de le faire dans ces sortes de circonstances, — je songeai à me délivrer volontairement de l'existence, qui n'était plus pour moi qu'un fardeau.

La vie n'est point un chemin sans issue, me dis-je, on peut donc en sortir.

Je me disais bien encore que j'étais un peu jeune pour mourir, et que c'était quitter bientôt la partie ; mais je me répondais que si la mort est le complément de la vie, du moment où l'on meurt on a toujours assez vécu. J'en appelais d'ailleurs à la philosophie pour m'encourager à en finir. Et je m'écriais avec un sage : « On a vu des gens se trouver bien de mourir, et on n'en a point vu qui se soient plaints d'être morts. — »

Mourons donc !

Mais sachant combien les entreprises les plus ordinaires étaient pour moi choses difficiles, je résolus de m'entourer dans ce dernier acte de tant de soins et de tant de précautions, que rien de ce que la prudence d'un simple mortel pouvait prévoir ne pût le troubler.

Je pris donc à la fois une corde, un pistolet, une bonne dose de poison, et je me rendis en outre sur le bord de l'eau

III

Je pris donc à la fois une corde, un pistolet et une bonne dose de poison, et je me rendis en outre sur le bord de l'eau, pour y chercher un lieu propre à exécuter mon dessein. Je m'arrêtai bientôt devant un arbre dont une des branches, s'avançant presqu'au milieu du fleuve qu'elle couvrait en partie de son vert feuillage, favorisait singulièrement mes projets; et ayant fixé la corde que j'avais apportée à cette branche, je bus le poison dont je m'étais muni, je me passai autour du cou la corde qui se balançait au-dessus de l'eau, et quand je sentis qu'elle commençait à me serrer : « Amour ! m'écriai-je, contemple ton ouvrage ! » Puis, levant le bras, j'appuyai sur mon front le canon de mon pistolet, que j'avais eu le soin de charger de deux balles.

Je pressai alors la détente, et le coup partit !

O destins toujours ennemis ! je n'étais pas mort.

La charge du pistolet que je tenais d'une main inexpérimentée, passant à quelques lignes de ma tête, était allée couper, en sifflant, la corde qui me tenait suspendu au-dessus de l'abîme, et je me sentis tomber.

Qu'importe ? me dis-je, on peut se noyer dans une rivière, et d'ailleurs, à défaut du reste, ne puis-je compter sur le poison que mon sein renferme ?

Je perdis alors toute connaissance, — et pour le coup je me croyais mort et bien mort, quand je me retrouvai sur la rive où le courant m'avait rejeté. Je m'aperçus en outre que l'eau que j'avais avalée en grande quantité m'avait débarrassé du poison, — ma dernière ressource contre la vie !

IV

En ce moment, le soleil était au milieu de sa carrière ; ses rayons, tombant d'aplomb sur moi, m'enveloppèrent tout entier, et firent rentrer dans mon cœur la chaleur qui avait failli l'abandonner. Je me dis alors que j'en avais fait assez pour l'amour, et, bien décidé à ne pas songer davantage à cette plus belle moitié du genre humain à laquelle Platon et un concile ont successivement refusé une âme, je revins tranquillement chez moi, — où je retrouvai, non sans plaisir, mes chers livres ouverts à la page même que je n'avais pu achever la veille. J'y lus ce qui suit :

Fortius ille facit qui miserè esse potest.

« Il a bien plus de courage celui qui sait être malheureux. »

La philosophie a cela de bon qu'elle justifie tout, et qu'elle a une petite phrase pour toutes les circonstances.

Il y a des gens pour lesquels l'amour est un ciel bleu, ou rose; — pour moi, comme vous voyez, ce fut une tempête, ou, pour être plus vrai, une bourrasque.

A partir de ce jour je n'y pensai plus; je me livrai tout entier à l'étude des effets et des causes, et n'eus plus d'autre but que celui de découvrir — la vérité.

— Mais encore, lui dit Walter, qu'est-ce que la vérité, et que cherchiez-vous?

— Mon cher monsieur, répondit l'homme au grand chapeau, la réponse à votre question n'est pas toute faite. Ce que les philosophes cherchent, c'est un mot, le mot au moyen duquel s'expliquera le monde[1]; si donc ce mot n'est pas trouvé, et il ne l'est pas, je ne puis vous répondre, car ce mot seul pourrait vous satisfaire. Comme tant d'autres, je cherchais l'inconnu, — l'inconnu, et, si vous voulez, l'impossible.

— L'impossible! dit Walter, c'est peut-être là en effet ce qu'il faudrait trouver; l'impossible est précisément ce qui nous manque.

— C'est mon avis, reprit l'homme au grand chapeau; jusqu'à présent l'homme n'a fait qu'inventer, cela ne suffit pas. « Encore un effort, me disais-je, et il créera. » Si Prométhée n'avait pas eu l'idée singulière de ne faire, du rayon de soleil qu'il déroba, qu'une femme de plus dans un monde où les femmes abondent, si cet imbécile d'Icare n'avait pas mis de

---

[1] Dieu n'est qu'un mot créé pour expliquer le monde. (Lam.)

cire à ses ailes, si les Titans avaient lié plus solidement entre elles les montagnes qu'ils élevaient contre le ciel, ce serait fait depuis longtemps ! Il ne s'agissait donc peut-être que d'empêcher la cire de fondre, que de trouver un ciment indestructible, ou un homme pour lequel l'immortelle vérité eût de plus beaux yeux qu'une femme, cela enfin ou toute autre chose.

Tel était mon but, voilà ce que je tentais ! — Voilà ce que j'aurais pu faire, ce que j'aurais fait, si...

Mais c'est à la suite de mon histoire à vous l'apprendre, permettez-moi donc de continuer.

V

Après des travaux sans nombre et des peines de tout genre, j'étais tout près d'y arriver, et je tenais presque ce mot *philosophal*, énigme et clef du monde, à la recherche duquel ont pâli tant de générations de grands hommes, quand un traître ami que j'avais, un médecin auquel ses connaissances en phrénologie avaient fait une grande réputation, voyant que mes efforts allaient être couronnés de succès, résolut de m'en ravir le fruit.

Un jour donc, étant venu chez moi, il me demanda à visiter ma tête, sur laquelle il prétendait avoir découvert une bosse jusque-là inconnue (la bosse, sans doute, de l'idée nouvelle dont j'allais doter l'humanité), laquelle bosse devait lui fournir,

C'est ainsi que, sous le voile de l'amitié, le scélérat vint
à bout de s'emparer de ma cervelle, dont il fit son profit, car, à mesure que ma tête
diminuait de volume, la sienne grossissait

Je m'aperçus bientôt, au vide de mes idées, du larcin qui m'avait été fait, et je courus après le perfide, en criant : « Au voleur ! Coquin, rends-moi ma cervelle ! » Mais, — en ce monde ceux qui sont volés sont souvent plus embarrassés que les voleurs, — ce fut moi que l'on arrêta. « Vous êtes fou, » me dit-on disait-il, un argument sans réplique en faveur des doctrines médicales qu'il professait. Éloigné, comme je l'étais, de suspecter ses intentions, j'eus la faiblesse, quoique, au moment où il arriva, j'eusse pour ainsi dire sur les lèvres le mot que je cherchais et la tête en travail, comme Jupiter enfantant Minerve, j'eus l'imprudence de lui confier ma tête ! ma tête dans laquelle germait ma pensée !

Vous dire ce qu'il en fit me serait impossible ; tout ce que je sais, c'est que dès qu'il l'eut touchée, je sentis cette vérité qui déjà m'apparaissait si claire, si radieuse, — m'échapper tout à coup ; j'étais volé, volé de ma découverte, volé de mon idée, volé de la lumière, — et je retombai incontinent dans les ténèbres.

A quoi m'avait-il servi d'atteindre jusqu'aux limites de la science ?

C'est ainsi que sous le voile de l'amitié (« Nul n'est mort sans avoir reçu un outrage de son ami, » a dit Shakspere), c'est ainsi que le scélérat vint à bout de s'emparer de ma cervelle, dont il fit son profit ; car à mesure que ma tête diminuait de volume, la sienne grossissait.

Je m'aperçus bientôt, au vide qui se fit dans mon cerveau, du larcin qui m'avait été fait, et je courus après le perfide en criant : « Au voleur ! coquin, rends-moi ma cervelle ! » Mais — en ce monde, ceux qui sont volés sont souvent plus embarrassés que les voleurs. — Ce fut moi que l'on arrêta. « Vous êtes fou, » me dit-on ; et pour me prouver que je l'étais en effet, on me mit dans une maison d'aliénés.

VI

— Dans quel but, demandai-je à un de mes compagnons de captivité dont l'air grave et sensé m'avait dès l'abord tellement séduit, que je n'avais point hésité à reconnaître que sa présence dans ce lieu ne pouvait être que le résultat d'une odieuse machination, pareille peut-être à celle qui m'y avait jeté; dans quel but une grande nation peut-elle autoriser des actes aussi noirs que ceux dont nous sommes les victimes?

— Chut! me dit-il; et voyant que j'avais compris qu'il fallait parler avec précaution, il sortit de sa poche un petit volume fort proprement relié, et l'ouvrant à peu près vers le milieu, il m'y lut cette phrase :

« Les Français enferment quelques fous dans une maison, « pour faire croire que ceux qui sont dehors ne le sont pas. »

O monde pervers, pensai-je, je ne m'étais pas trompé, cet homme distingué jouit en effet de toute sa raison.

— Mais enfin, lui dis-je, comment vous trouvez-vous ici?

— Chut! fit-il encore; et me parlant alors à demi-voix : Monsieur, me dit-il, croyez-vous à la transmission des âmes, à la métempsycose?

— Des gens fort sensés y ont cru, lui dis-je, et sans parler des Indiens, des Égyptiens, des Éthiopiens et autres peuples très-éclairés qui ont fait de ce dogme la base de leurs croyances; sans parler de Pythagore, qui prétendait avoir été coq, qui affirmait avoir combattu au siége de Troie et avoir reconnu son bouclier dans le temple de Junon, à Argos, en tout temps et de notre temps, cette doctrine a eu pour apôtres des hommes d'un haut mérite!

— Eh bien! me dit-il, je puis donc vous répondre. Avant d'être ce que je suis : — qui l'eût cru? s'écria-t-il, c'est tout bas qu'il faut que je vous le dise, ce nom dont je devrais être si fier.... j'étais Montesquieu!

— Pardieu, me dis-je en regardant avec compassion mon interlocuteur, voilà une bizarre prétention, et j'ai bien peur que ce ne soit pas tout à fait pour rien que ce digne homme se trouve ici.

— Le petit volume que je viens de vous montrer, reprit l'auteur des *Lettres persanes* et de *l'Esprit des Lois*, fait partie de mes œuvres complètes, et la phrase que je vous ai citée est de moi, je l'ai écrite il y a environ cent ans. Ayant eu un jour l'imprudence d'en convenir publiquement dans une grande réunion, on fit de moi ce que l'on vient de faire de vous. Comme vous voyez, on paie cher le droit de dire certaines vérités. —

Mais, pensai-je en écoutant cet homme, est-ce bien là de la folie? Et en effet, je le demande à tout esprit sincère, est-il un poëte, un général, un philosophe, un historien, qui ne se soit cru, à part lui, au moins une fois dans sa vie, Homère, ou César, Socrate, ou Tacite.

Et à ce compte, combien n'y en a-t-il pas qu'on priverait de leur liberté !

VII

Il n'est mal si grand qu'on ne puisse en tirer un peu de bien. Me trouvant dans une maison de fous, je me rappelai cette parole de saint Paul : « Celui d'entre vous qui se croit sage, qu'il embrasse la folie pour trouver la sagesse, » et je pensai un instant à profiter de la circonstance qui me mettait tant de fous sous la main, pour suivre le précepte de ce grand saint, qui a dit encore : « Dieu a jugé à propos de sauver le monde par la folie. » Mais je fus bien étonné quand je me trouvai pour la première fois au milieu des infortunés qu'on y avait, sous toutes sortes de prétextes, rassemblés, de voir qu'ils n'étaient pas plus fous, peut-être, que vous et moi, ou que, s'ils l'étaient, il l'étaient devenus, selon le mot de Jérémie, *à force de sagesse*. Je me mêlai à un groupe où se tenait une conversation politique qui ressemblait à toutes celles qui se tiennent dans le monde. Les plus hautes questions s'y agitaient, et on y avait à la fois tort et raison, absolument comme on a tort et raison ailleurs quand on traite ces sortes de matières.

Une conversation politique

Ce fut bien pis quand nous vîmes les trois candidats

Ces braves gens, — parmi eux se trouvaient des hommes d'État, des hommes d'affaires, des hommes de lettres, des journalistes, des artistes, etc., car toutes les classes de la société y étaient représentées, — ces braves gens, qui tous avaient gardé l'espoir de sortir de cet horrible lieu, avaient sagement résolu de se former en comité politique et d'établir entre eux des conférences pour ne pas perdre l'habitude des affaires et des discussions publiques, et il s'agissait, dans le moment où j'arrivai, de l'élection d'un président. Tout s'y passa régulièrement; aussi mon indignation fut-elle au comble, quand je vis qu'on avait traité de la sorte des hommes qui le méritaient si peu.

Ce fut bien pis quand je vis les trois candidats. Au lieu de se comporter comme ils l'eussent fait dans une assemblée de gens sensés, ils se contentèrent de causer entre eux, en attendant la décision de la majorité, sans aucune aigreur ni jalousie, avec beaucoup de calme, de sérieux et de dignité, ce qui est dire assez qu'ils avaient précisément les qualités qu'on regrette de ne point trouver dans les hommes raisonnables qui aspirent tous les jours à l'honneur de représenter mon pays.

Que vous dirai-je? j'ai rarement vu une réunion de personnages aussi distingués; — mais vous en parler plus longuement serait probablement pour vous d'un médiocre intérêt; je me tairai donc, mon intention n'étant pas de vous ennuyer de propos délibéré.

VIII

Un jour, ayant trouvé, ce pauvre Montesquieu et moi, l'occasion de nous évader, nous la saisîmes; — malheureusement, à peine dehors, nous nous perdîmes dans la foule, et depuis je n'ai pas revu ce grand homme. Je le regrettai, car tout fou qu'il était, il avait du bon. — Il n'était fou d'ailleurs que sur un point.

Quant à moi, je me remis aussitôt à la poursuite de mon voleur, qui, m'avait-on dit, s'était enfui avec mon trésor, et me mis en route, bien décidé à le chercher dans le monde entier et à ne lui laisser ni paix ni trêve.

Jusqu'à présent j'ai perdu mes peines, et c'est en vain que j'ai parcouru dans tous les sens la petite boule qui nous porte; mais ayant remarqué à la fin que, partout, ceux qui ne bougent pas sont aussi avancés que ceux qui remuent beaucoup, j'ai pris le parti de ne plus faire un pas et d'attendre mon homme sur cette grande route.

« S'il vient à y passer, il sera bien attrapé. »

Et là-dessus portant la main à son chapeau qui, dans la chaleur de la narration, s'était un peu dérangé, l'homme sans cervelle l'assujettit soigneusement sur sa tête : « Vous savez maintenant, nous dit-il, pourquoi j'ai omis de vous saluer, contrairement aux règles de la civilité, et pourquoi vous m'avez trouvé sur le bord de ce fossé. »

Il cessa de parler.

— Parbleu, me dit Walter à demi-voix, si ce n'est l'idée qu'il a qu'on lui a ôté sa cervelle, je dirais que ce fou est un sage; et se tournant alors de son côté : « Monsieur l'homme sans cervelle, lui dit-il, nous avons pris une part très-vive à vos malheurs et nous sommes sensibles surtout à ce que vous venez de nous dire de la perte de votre cervelle; nous pensons pourtant qu'il vous en reste encore assez pour que vous ne soyez jaloux de personne; notre avis est que vous avez grand tort de rester sur le bord de ce fossé pour attendre l'occasion de recouvrer ce qu'on vous a pris, et que vous feriez mieux de venir avec nous. S'il vous plaisait donc d'accepter notre compagnie, nous voyagerions ensemble. Je n'ai pas besoin de vous dire que si, chemin faisant, nous rencontrons votre voleur, eût-il le crâne plus dur que le diamant, nous le forcerons bien à vous rendre ce qui vous appartient. »

« Grand merci de votre offre, nous répondit-il, mais vous iriez au diable, que je ne vous suivrais pas.

« J'ai assez, j'ai trop voyagé !

« Je l'avoue, quand je me mis en route pour la première fois, j'attendais, — sans oublier le recouvrement de ma cervelle, — quelque autre chose encore d'un si grand dérangement ! Qu'est-ce qui, en sortant de son village, n'a pas compté découvrir un nouveau monde ? Et je me disais qu'après avoir cherché sans trop de succès, dans la solitude et dans le silence, le dernier mot de la raison humaine, je le rencontrerais peut-être dans les endroits fréquentés. Quelle erreur ! force me fut de sortir des écoles, des gymnases et des instituts avec cette idée qu'un seul sage pouvait être sage peut-être, mais que beaucoup de sages réunis ne pouvaient manquer d'être fous. Les académies ne sont point autre chose que des lieux de réunion où des hommes de sens se cotisent pour arriver à ne rien dire en parlant beaucoup.

« Quand on a vu la terre d'un peu près, on se refuse à croire qu'il ait jamais pu s'y passer de grandes choses ; ou bien l'on est tenté de dire avec ses détracteurs, tant on est étonné de ne trouver partout que délabrements, qu'elle n'est aujourd'hui qu'un grain de poussière dégénéré.

« Pour ne parler que des lieux célèbres dans la science,

allez donc à Alexandrie, autrefois le rendez-vous des savants et des philosophes : au lieu de ces groupes inquiets, turbulents et animés du désir de connaître des sophistes, — des cyniques, — des académiciens, — des stoïques, — des épicuriens, — des péripatéticiens, — des sceptiques, — des gnostiques, — des mystiques, — des néo-platoniciens, — des mithriaques, — des cabalistes et autres groupes qui se succédaient dans son musée, où tout savant avait le droit de se loger, vous ne trouverez que des chacals, des rats, des éperviers et des hiboux.

« Allez à Athènes, au lieu de Zénon enseignant sous le Portique, et de Platon sur le cap Sunium, vous rencontrerez des Bavarois, oui, des Bavarois, des Allemands comme vous. On vend de la saüerkraüt sur l'Acropolis, et des wurst de Munich sur les marches du Parthénon, — que l'ombre indignée de Socrate doit avoir abandonné!!

« En Macédoine, il n'y aurait plus de place pour Alexandre, ni pour son maître Aristote.

« Et quant à ces pays favorisés, où les poëtes ont promené leurs divins mensonges, cherchez-y ce que le souffle des Muses y a fait éclore, et voyons ce que vous en rapporterez. Je me trouvai un jour sur un roc si stérile, qu'il était inhabité ou peu s'en faut. J'y découvris à grand'peine deux ou trois huttes et quelques sauvages. — J'étais à Cythère! Des autels sur lesquels fumait jadis l'encens de Sapho, d'Anacréon et autres adorateurs de la plus belle des déesses, il reste à peine une pierre, et l'écho lui-même a oublié jusqu'au nom de Vénus.

« Amathonte est perdu, — ce qui est bien dommage.

« Il n'y a pas plus de jeux que de ris à Paphos! et d'Amour, il n'y en a ni plus ni moins qu'ailleurs. Là comme partout on s'embrasse et l'on s'égratigne; après quoi on va faire la révérence à un nouveau visage.

« J'ai cherché en vain dans les Iles Fortunées (les îles Canaries) un souvenir d'Armide et du vaillant Renaud, et de ces jardins magiques dont chaque arbre renfermait des nymphes belles comme le jour! j'y ai trouvé, dans un beau climat, la poésie absente; les arbres y sèchent au lieu d'y brûler d'une flamme amoureuse, — et en place du chant des fées auxquelles le Tasse prêtait l'harmonie de ses vers, je ne sais comment le dire, pour tout chant, au milieu des airs, celui des serins.

« Moi aussi, je voulais tout voir, et tout nom fameux m'attirait.

« Abydos et Sestos, célèbres par les amours d'Héro et de Léandre; Naxos, où Thésée abandonna Ariane,

Ariane aux rochers contant ses injustices. (RACINE.)

Ariane aux rochers contant ses injustices.

— Délos et le palmier sous lequel naquirent le soleil et la lune, Apollon et Diane! — Carthage, où M. de Chateaubriand crut voir les flammes du bûcher de Didon; — Ithaque, patrie d'Ulysse, où une femme fut fidèle, — et tant d'autres lieux enfin qui brillent comme des astres dans la nuit de l'histoire[1].

« Hélas! qu'ai-je fait, et que m'en est-il revenu de dépouiller ces lieux révérés du prestige du lointain? On cherche des dieux et des sirènes, on trouve des ours blancs et de la glace! La réalité est amère, parce qu'elle remplace l'espérance, qui vaut toujours mieux qu'elle. Tout ce que l'homme veut voir et avoir, qu'il le cherche, qu'il le trouve en lui-même. Si l'infini est quelque part, c'est en nous, si chétifs que nous soyons. Si la poésie ne dort point avec vous sous votre oreiller, c'est en vain que vous courez après elle.

---

[1] CYTHÈRE, aujourd'hui CERIGO, l'une des îles Ioniennes; sous la protection ou plutôt sous la domination de l'Angleterre; sous la domination française pendant l'empire. — PAPHOS, dans l'île de Chypre; appartient aux Turcs. Maintenant BAFFO, village où l'on a trouvé quelques débris du temple de Vénus. — ÎLES FORTUNÉES (CANARIES), archipel de vingt îles dans l'Océan Atlantique; la plus grande, Ténériffe, est célèbre par son pic volcanique. Appartiennent à l'Espagne. — ABYDOS et SESTOS, aujourd'hui NAGARA-BOUROUM, château armé de quatre-vingt-quatre canons, et BOYALLI-KALESSIE, batterie armée de cinquante canons. Byron, comme Léandre, a traversé le détroit à la nage. — DÉLOS, l'une des Cyclades. Très-petite et inhabitée; il n'y avait que deux bergers en 1825. Ruines du temple d'Apollon. — CARTHAGE. Sur son emplacement, le petit village de MALOA. On ne sait pas même où était le port de Carthage. — ITHAQUE, aujourd'hui ITACA; île Ionienne, rocheuse, ayant pour ville VATHI. On y découvrit en 1811, sous la domination française, deux cents tombeaux sur l'emplacement présumé du château d'Ulysse.

Homère aveugle n'a pas eu besoin de contempler Troie en cendres pour chanter ce grand désastre ; Virgile, Milton, Dante, n'avaient que faire de leurs yeux pour voir ce qu'ils ont vu ; c'est au fond de son encrier que l'Arioste a trouvé ces forêts embaumées où passaient de si beaux jours, entrelaçant leurs noms sur l'écorce des arbres, l'amoureuse Angélique et le tendre Médor ; il ne fallait au Tasse qu'une chandelle pour illuminer Jérusalem délivrée, — encore pouvait-il s'en passer, puisqu'un jour, n'ayant pas de quoi en acheter, il lui arriva de faire un joli sonnet à sa chatte, pour la prier de lui prêter, durant la nuit, la lumière de ses yeux.

« Bref, il n'y a rien de tel que d'aller partout pour n'arriver à rien. Celui qui a tout vu n'a rien vu ; car son cœur et sa raison se sont lassés de le suivre, et il n'y a de sage, véritablement sage, que celui qui n'est jamais sorti de son trou. Pour moi, je voudrais être colimaçon et n'avoir jamais eu à quitter ma coquille ; le seul profit qu'on retire des voyages, c'est qu'après avoir beaucoup couru, on ne demande pas mieux que de s'arrêter.

« Pourtant, ajouta-t-il après une minute de réflexion, un homme qui n'a plus que la moitié de sa cervelle a le

Angélique et Médor.

droit de faire une folie; — je vous suivrai donc, — contre mon propre avis. D'ailleurs :

<small>Malum consilium est quod mutari non potest.</small>

« C'est un mauvais dessein que celui qu'on ne peut
« changer. »

« Et quand je serais un nouvel exemple que ce qu'il y a de plus difficile, c'est d'être constant, — le nombre de ces exemples étant déjà si grand, où serait le mal?
« Et enfin, s'il faut tout dire, ajouta-t-il en se levant : de même qu'il n'y a jamais eu que sept merveilles au monde, il n'y a eu aussi que sept sages : je ne ferai pas le huitième; le nom de sage me paraît fort déconsidéré, et j'ai pris en haine la sagesse qui m'a conduit à la maison des fous. »

— A la bonne heure, s'écria Walter, tout ce que vous venez de dire est plein de sens, y compris la conclusion, qui le dément. Mais on ne va pas, on est entraîné, — disons donc, avec la sibylle : « Qu'un dieu nous force à *voyager*, » et partons.

Il manquait un cheval à notre nouveau compagnon de route; je le pris en croupe sur le mien, qui ne s'en aperçut seulement pas; et cet arrangement convint d'autant mieux à l'homme sans cervelle, qu'il s'avoua fort mauvais écuyer. —Tenez-moi bien, lui dis-je; et nous continuâmes notre route.

Je ne décrirai point l'Europe, quoiqu'on l'ait souvent décrite en de moindres occasions.

Mais je dirai qu'après ce que nous venions d'entendre, il nous fallut quelque résolution pour accomplir ce long voyage.

Nous fûmes, en outre, dès le début, et même dans la suite, assaillis par des présages qui eussent fait reculer de moins intrépides.

Il nous arriva plus d'une fois de rencontrer trois pies —volant contre le vent,—et du midi au nord!!!

Nos chevaux nous emportèrent un matin à travers un champ de fèves.

Nous fûmes, un jour, témoins du combat d'un chat noir et d'un corbeau, et ce même jour-là, nous avions rencontré, sur le tronc d'un vieux saule, une vieille chouette fixant le soleil.

Les enfants nous poursuivaient de leurs huées, et les chiens hurlaient en nous voyant.

La cime d'un peuplier fut brisée devant nous par la foudre, et j'écrasai, un soir, une araignée !

Combien de fois Walter renversa la salière, je ne saurais le dire ; mais j'en ai dit assez pour qu'il soit superflu d'ajouter que les enfants nous poursuivaient de leurs huées et que les chiens hurlaient en nous voyant.

———

Qu'ils étaient heureux, ces voyageurs d'autrefois, qui rencontraient sur les chemins tout ce qu'il nous eût été si bon d'y rencontrer : des fées, des enchanteurs, des magiciens, des héros et des héroïnes, des Bradamante et des Dulcinée, des armées fantastiques et de mystérieux moulins à vent, des rois épousant des bergères, et des chaumières habitées par de grandes princesses !

Des lieux enfin toujours nouveaux et toujours de plus en plus beaux !

Pour nous, nous vîmes tant de villes, tant de forêts, tant de fleuves et tant de rivières, — que nous finîmes par croire qu'il n'y avait qu'une forêt, qu'un fleuve et qu'une ville toujours la même; mais de prodiges, nous n'en vîmes pas un !

Le seul miracle qui se fasse encore (il est vrai qu'à force de se produire, ce miracle, qui n'étonne plus personne, a cessé d'en être un), c'est celui de l'enchanteresse Circé qui changeait les hommes en bêtes.

Cette magicienne n'a point emporté avec elle son secret : toute femme ayant de beaux yeux au service d'un cœur pervers, le possède.

———

Dans les pays où l'on ne connaît personne, le voyageur, comme les gens dont parle l'Évangile, a des yeux pour ne pas voir, — des oreilles pour ne pas entendre, et des mains pour ne toucher à rien :

Multa hospitia, paucas amicitias.

Rien n'est plus vrai que ce triste mot en voyage : Beaucoup de gîtes et peu d'amis; — passez-vous rapidement, vous n'avez rien vu; — demeurez-vous, c'est autre chose; c'est pis : car si vous êtes bon (quelques-uns se vantent, quelques autres se cachent de souffrir,

Le seul miracle qui se fasse encore...:., c'est celui de l'enchanteresse Circé, qui changeait les hommes en bêtes.

mais tous souffrent), à chacune de vos haltes, vous laissez sur la route un peu de votre cœur, un peu de votre pitié, et, si vous avez été bien accueilli, des regrets que vous ne consolerez point et dont vous ne serez pas consolé.

Est-ce que ce n'est pas mille fois triste de passer à travers ces milliers d'hommes, ces milliers de frères, et d'avoir les bras toujours ouverts sans pouvoir jamais les refermer sur un ami?

. . . .
. . . . Nous eûmes, du reste, la bonne fortune de trouver sur notre chemin ce que tout le monde y eût trouvé comme nous : des gens à pied et des gens à cheval, les uns et les autres également poussés par les cinq ou six appétits auxquels il faut le

monde à dévorer. Ici des chars légers, courant après le plaisir, trouvant l'ennui; là, de lourdes, pesantes et incommodes voitures, des maisons en voyage ; celles-ci pleines de pauvres diables, qui tous et toujours, à

cette question : « D'où venez-vous et où allez-vous ? » auraient pu répondre : « Je viens de la misère et je retourne à la misère, je m'agite pour tomber de fièvre en chaud mal. »

— De tout ce qui use les chemins, disait l'homme sans cervelle, il n'y a de sensés que les chevaux, — ceux-là seuls savent ce qu'ils font, et si on leur demandait : « Pourquoi marchez-vous ? » ils pourraient répondre avec orgueil : « Je marche parce qu'on me fouette. »

Non, l'homme n'est pas fait pour voyager, et la preuve,

c'est qu'il y a encore, et qu'il y aura toujours, Dieu merci, d'infranchissables déserts.

Le souci ou le désir, l'inquiétude ou les regrets, creusent le front de quiconque va d'un lieu à un autre. Le mouvement nous a été imposé, ainsi que le travail, comme une punition céleste. Son premier pas, son premier voyage, l'homme le fit sous le poids de sa première faute, quand l'ange au glaive de feu le chassa du paradis terrestre, et le second, ce fut le crime qui le lui fit faire. Abel mort, Caïn chercha une terre qui n'eût pas vu son forfait.

―――

Que vous dirai-je encore?

Comme tous les voyageurs, nous eûmes faim et soif; il nous arriva aussi de descendre et de monter, de boire et de manger, de nous fatiguer et de nous reposer. Nous ne fîmes pas le trajet tout d'une traite; nous nous arrêtions assez régulièrement le jour pour dîner, le soir pour nous coucher, et notre bonheur consistait alors à trouver une mauvaise auberge, un mauvais souper, et, dans le coin d'une mauvaise chambre, un de ces lits dans lesquels on voudrait pouvoir dormir (après tant d'autres) sans y toucher.

Pour ce qui est de la campagne, — nous pûmes constater que généralement les montagnes dominent les plaines, que les pierres sont dures, que l'eau mouille, et qu'on pourrait apprendre la géographie à meilleur marché qu'en voyageant.

Le plus petit coin de la terre étant l'abrégé du reste, une petite pierre, si vous l'approchez de votre œil, c'est un rocher; — une feuille d'arbre, c'est une forêt; — qui voit un enfant, voit un homme.

Quant aux villes : de loin la plus grosse n'est guère qu'une fourmilière; si, au lieu de n'être qu'un fils d'Adam, on était seulement celui d'un éléphant, on craindrait de faire une mauvaise plaisanterie en y posant le pied, et de si peu de poids qu'on se sache, on s'étonne que ce soit dans ces singuliers amas de maisonnettes que se fabriquent toutes les belles paroles dont se grossit l'univers.

Les toits sont plats, quand ils ne sont pas pointus; quelquefois ils sont ronds. Mais les architectes auront beau faire, un toit ne sera jamais qu'un toit, et il n'y aura jamais dessous que des hommes.

Ah! que souvent on aurait pu dire de chacun de nous :

« Celui-ci, pendant son voyage,
Tourna les yeux vers son village
Plus d'une fois..... »

Les Français sont, en somme, accommodants ; ils nous firent beaucoup de saluts : « La politesse, nous dit l'un d'eux, qui s'était obstiné à nous servir de guide, quoique nous n'eussions aucun besoin de ses services, la politesse est une monnaie qui ne ruine personne ?

— A moins que ce ne soit celui qui la reçoit, lui répondit Walter en lui remettant quelques petites pièces pour l'encourager à nous quitter. Si l'esprit consiste à bien et à beaucoup parler, on a raison de dire que ce peuple est le peuple le plus spirituel de la terre ; mais ce qui gâte l'esprit des habitants de cet agréable pays, c'est qu'ils veulent trop qu'on sache qu'ils en ont ; il n'y a rien de si désolant pour eux que de voir une jolie chose qu'ils disent mourir dans l'oreille d'un sot. — Il s'ensuit qu'aucune nation ne fait autant de sottises que celle-là, l'esprit consistant souvent à bien agir et à se taire. Or, cette dernière vertu lui a été refusée. »

Voulez-vous savoir ce que c'est que Paris ? ouvrez une géographie, vous y apprendrez que « Paris est la « capitale de la France. »

Le pain y est bon, l'eau n'y vaut rien ; les journaux y abondent, mais il ne manque pas d'yeux pour les lire : ce qui n'empêche pas que, quand on les a tous lus et relus, on sait un peu moins qu'avant à quoi s'en tenir sur le véritable état du pays. Les livres, du reste, n'y sont pas plus rares que les journaux.

Dans ce pays, l'horreur du papier non imprimé (le seul pourtant dont l'innocence soit incontestable) est extrême.

C'est un Français qui l'a dit et qui devait le dire :
« La nature semblait avoir sagement pourvu à ce que la sottise des hommes fût passagère, et les livres l'immortalisent. »

Je n'ai gardé de souvenir précis que de notre voyage à Londres.

UN JOUR A LONDRES.

C'est à Paris que l'envie nous avait pris d'y aller.

« Allez-y, nous dit l'homme sans cervelle, pour moi, je ne vous suivrai pas; je m'arrangerais assez des Anglais, mais je n'aime pas l'Angleterre, — nous nous retrouverons à Boulogne. »

Arrivés à Boulogne, nous nous crûmes déjà en Angleterre. Il n'y avait que des hôtels anglais, des domestiques anglais, on n'y parlait qu'anglais, on n'y prenait que du thé.

Aimez-vous le thé?

Si vous êtes Anglais, ce n'est pas à vous que s'adresse ma question; si vous êtes Français, ce n'est point à vous non plus : les Français aiment tout; — mais, vous feriez bien de détester cette abominable tisane, si vous êtes Prussien, Autrichien, Saxon, Wurtembergeois, Bavarois ou Badois, Allemand enfin, c'est-à-dire si vous savez ce que vaut notre bon vin du Rhin.

Le jour de notre départ — c'était un samedi — nous descendîmes pour déjeuner, avant de nous embarquer, dans la salle commune de notre hôtel.

Tout en déjeunant Walter se prit à regretter Paris.

— Pour un étranger, disait-il, il n'y a qu'une ville, et cette ville, c'est Paris. La vie y a quelque chose de si ouvert, de si visible, de si public, que partout, et même dans la rue, on peut se croire chez soi. D'ailleurs, les boulevards, les passages, les théâtres, les Champs-Élysées, et le bois, et les files de voitures, et ce million d'habitants toujours en l'air, et la foule sur les trottoirs, et les marchands en plein vent, et le bruit des rues, et les journaux, et les boutiques flamboyantes, et le Palais-Royal, et les Tuileries, et la Colonne, — nous ne retrouverons cela nulle part, pas même à Londres.

— Vous vous trompez, nous dit une jeune et jolie Anglaise qui déjeunait en même temps que nous (et qui, par conséquent, prenait du thé); Paris danserait dans Londres. A Londres, n'avons-nous pas Regent's-Street, et Oxford-Street, et le Strand, et Piccadilly, etc., et l'Opéra-Italien, et Drury-Lane, et Covent-Garden, et Saint-James's Park, et Regent's Park, etc.; et, pour animer tout cela, au lieu d'un seul, deux millions d'âmes? Si vous tenez à ne pas vous perdre dans Londres, je vous engage à bien vous y tenir, car vous y serez dans la foule comme une goutte d'eau dans la Tamise. — Allons, ajouta-t-elle, encore une tasse de thé, messieurs, et à votre retour, vous m'en direz des nouvelles.

Vous vous trompez, nous dit une jeune et jolie Anglaise qui déjeunait à la même table que nous.

— Miséricorde ! dis-je à Walter ; je ne m'habituerai jamais à ces noms-là. Le jour où Dieu a confondu les langues, son courroux contre le genre humain devait être bien grand.

En ce moment, la cloche du bateau à vapeur se fit entendre, et nous prîmes congé de notre interlocutrice. — Bon voyage, nous dit-elle, et elle nous donna sans façon une poignée de main ; ceci nous surprit bien un peu, mais c'était apparemment dans les mœurs du pays. Bonne et charmante coutume ; d'ailleurs puisque Dieu a fait l'homme et la femme l'un pour l'autre, c'est bien le moins qu'ils se serrent la main quand ils se rencontrent.

Tant que dura la traversée, nous restâmes étendus sur le dos ; nous nous sentions un mal étrange dans l'estomac. Pour nous guérir, on nous offrit du thé !

Enfin on vint nous dire que nous étions à Londres.

Nous nous laissâmes emballer comme des paquets dans une voiture qui nous conduisit à un hôtel, et nous nous mîmes au lit.

Le lendemain, nous étions frais et dispos. — Nous demandâmes à déjeuner. — On nous apporta du *roastbeef*, des *sandwich*, des *muffins*, puis... du thé. Dieu merci, cette fois le thé n'était pas seul.

En cassant mon pain, je m'aperçus qu'on nous avait donné du pain dur ; j'appelai le garçon.

— Est-ce que vous n'avez pas de pain frais ?

— Non, monsieur.

Walter avait peine à se rendre compte de cette particularité; — Car enfin, disait-il, le pain commence toujours par être tendre; — et il ne comprenait pas pourquoi on attendait qu'il fût dur pour le servir. Mais il fit réflexion qu'il était venu pour étudier les mœurs du pays, et non pour les corriger, et il écrivit sur ses tablettes : « En Angleterre, il n'y a jamais de pain frais. »

Après déjeuner, nous nous mîmes en route pour voir la ville. Arrivés dans la rue, nous nous y trouvâmes tout seuls : pas une âme, pas un passant, pas une voiture, pas un cheval. Nous allâmes plus loin, et d'une rue dans d'autres rues. — Mais personne ! — Nous avancions dans un désert. Walter, se souvenant alors des recommandations de la jeune Anglaise de Boulogne, m'attacha à son bras avec un mouchoir.

— Prends garde de te faire écraser, lui dis-je.

Nous avions eu soin de nous munir d'un *Guide du voyageur*, d'un indicateur des monuments et d'un plan de la ville pour nous retrouver dans les rues.

Nous allâmes voir la Tour de Londres : — toutes les portes en étaient fermées.

L'idée nous prit de visiter les célèbres bassins (ou *Docks*) où se tiennent des vaisseaux de toutes les parties du monde : — les bassins étaient fermés, comme la Tour.

— Probablement, dis-je à Walter, les étrangers ne peuvent pas voir les monuments sans lettre d'introduction.

Et comme nous en avions une pour un Anglais de distinc-

Elles lisaient dans un livre qui ressemblait à une bible.

tion, nous arrivâmes tant bien que mal, à l'aide de notre plan, jusqu'à la maison de cet Anglais.

Arrivés à sa porte, en levant les yeux, nous aperçûmes trois ou quatre têtes de jeunes filles derrière le rideau d'une fenêtre. Elles lisaient dans un livre qui ressemblait à une Bible.

— Ceci, dis-je à Walter, nous promet une agréable compagnie.

Et soulevant le marteau de la porte, je frappai un coup, un seul coup, par discrétion.

On nous fit attendre un quart d'heure. — C'était peu poli. Mais enfin la porte s'ouvrit.

— Sir ***? demandai-je au grand laquais poudré qui nous barrait le passage.

— Absent, nous répondit-il; maison close, personne.

C'était encore moins poli, car c'était faux.

— Diable! dit Walter.

Nous nous dirigeâmes alors, suivant toujours les notes de notre petite Anglaise, vers les parcs pour voir défiler les équipages. Nous trouvâmes des arbres, mais d'équipages, point! — Des arbres sont toujours bons à voir : nous regardâmes les arbres. Après quoi nous rentrâmes dans les rues pour voir si les boutiques s'ouvraient; mais elles ne s'ouvraient pas; et Walter écrivit dans ses notes : « En Angleterre, il y a des monuments, mais on ne les voit pas; des boutiques, mais on les tient fermées. »

— Rêvons-nous? disait-il.

— Les rêves ne sont pas si longs! s'écria Walter impatienté.

— Bah! lui dis-je, on a rêvé pis; un rêve n'a pas de règle.

Le Dante a dit qu'il ne s'était réveillé qu'à trente-trois ans, *au milieu du chemin de la vie,* jusque-là tout n'ayant été pour lui qu'un *songe,* et Voltaire raconte qu'il a rêvé le deuxième chant de la Henriade.

Cependant la soirée s'avançait.

En désespoir de cause, nous nous dirigeâmes vers le théâtre de Drury-Lane. — Allons au parterre, me dit Walter; nous y verrons de plus près les mœurs populaires. Et nous nous mîmes bravement à la queue. Il n'y avait encore personne. Walter dit : — Nous serons bien placés.

Après avoir fait queue pendant une heure ou deux, Walter trouva que c'était un peu long. Personne ne venait. Je montai sur une borne pour voir si je ne découvrirais rien.

— Sœur Anne, me dit Walter, ne vois-tu rien venir?

— Rien, lui dis-je.

Et comme il n'y avait pas apparence d'ouverture, Jean écrivit sur ses tablettes : « A Londres, il y a des théâtres, mais on n'y joue pas. »

Nous prîmes alors le parti de retourner à l'hôtel, toujours en lisant notre guide.

Pour m'occuper, je demandai un journal. On m'apporta un journal de la veille! Il n'y en avait pas d'autre.

— Écris, dis-je à Walter : « En Angleterre, les journaux ne paraissent que la veille. »

Jusque-là tout n'ayant été pour lui qu'un songe

Nous n'avions rien vu : aussi étions-nous fort las!

— Retournons à Boulogne, me dit Walter; nous donnerons des nouvelles de Londres à notre petite voisine de table d'hôte, et nous y retrouverons l'homme sans cervelle, qui savait bien ce qu'il faisait en refusant de nous accompagner.

Le bateau à vapeur partait le lendemain à cinq heures du matin : nous refîmes nos paquets, nous prîmes du thé, et nous nous couchâmes.

Le matin, nous prîmes du thé, et nous nous embarquâmes.

Nous arrivâmes à Boulogne et nous reprîmes du thé. Notre jolie Anglaise de l'avant-veille était là : elle prenait du thé comme nous.

— Hé bien! nous dit-elle triomphalement, que dites-vous de Londres?

Jean alors lui communiqua ses notes de voyage.

Sur quoi elle lui dit :

— Quel jour sommes-nous?

Walter n'en savait rien.

— C'est aujourd'hui lundi, dit le garçon qui nous servait.

— Lundi! dit-elle; lundi!!!...

Et elle se mit à rire aux éclats, et d'un si bon rire, que Walter et moi nous ne pûmes nous empêcher d'en faire autant, bien qu'à vrai dire, elle parût rire à nos dépens.

— Pourquoi rions-nous? me dit Walter.

— Je n'en sais rien, lui répondis-je.

— Pourquoi rions-nous? demanda-t-il à la jeune miss.

Mais elle riait toujours. Quand ce fut fini :

— Vous avez été à Londres un dimanche, dit-elle enfin. Or, à Londres et dans toute l'Angleterre, tout chôme le dimanche, sauf les églises. Vous n'avez pas eu de pain frais, parce qu'on ne cuit pas dans la nuit du dimanche; vous n'avez trouvé personne dans les rues, parce que le dimanche, excepté aux heures des offices, on reste chez soi pour lire la Bible. Le dimanche, les boutiques sont fermées ; les monuments publics sont fermés. Le dimanche, il n'y a que des journaux du samedi.

— Mais, demanda Walter, est-ce que, le dimanche, les portes auxquelles on frappe mettent un quart d'heure à s'ouvrir? et, quand elles sont ouvertes, n'y a-t-il que le dimanche qu'on vous laisse dehors et qu'on vous les referme au nez?

— Comment aviez-vous frappé à cette porte? reprit-elle.

— Pardieu, dit Walter, nous avons frappé comme on frappe, un seul coup, tout juste ce qu'il en fallait pour être entendus, et nous le fûmes.

— Un coup, monsieur! dit la jeune miss, un seul! On vous aura pris pour des domestiques. En Angleterre, il n'y a que des laquais qui frappent un seul coup; un honnête gentleman en frappe sept ou huit; et le nombre des coups de marteau est en raison du rang et de la *respectability* de ceux qui font visite.

— C'est en semaine qu'il faut voir Londres : vous n'avez pas vu Londres. Retournez à Londres.

— Non, dit Walter; si je retournais à Londres, j'ajouterais

un chapitre à l'anatomie de la mélancolie du docteur Burton, votre compatriote.

Et, ayant pris ses tablettes, il écrivit : « Tout ce que je viens de dire de Londres, est vrai — une fois par semaine : le dimanche. »

———

Pendant la suite de notre voyage, les jours se succédèrent sans aventures.

Si, moins fou que nous, cher lecteur, toutes les fois que tu as failli céder à la tentation d'échanger tes pantoufles contre des bottes de voyage, tu n'avais eu le bon sens de te rappeler ce précepte du sage : « Mieux vaut « le croire (ou ne pas le croire) que d'y aller voir, » il t'en aurait coûté autant qu'à nous-mêmes pour constater qu'il n'y a guère sur toute la surface du globe que sept cent trente-huit millions d'habitants, qu'on divise la terre en cinq parties, et que ce qui distingue l'Europe des quatre autres, c'est qu'elle est la plus petite, et qu'il s'y trouve :

En Danemark — des volcans, des édredons et des sources d'eau chaude ;

En Norwége et en Suède — des montagnes, des pins et des sapins ;

En Russie — des maisons en briques, des palais en plâtre, des fourrures et des cuirs ;

En Hollande — des marais, des lacs, des moulins, des tulipes, des harengs, de la toile, du papier, des tableaux et des maisons si constamment frottées et nettoyées par leurs habitants, qu'il ne reste plus à ceux-ci le temps de se frotter et nettoyer eux-mêmes ;

En Belgique — des plaines, des dentelles, des carrosses, de la houille, des libraires et pas un homme de lettres ;

En Allemagne — trente-neuf Etats de forces inégales qui ont la prétention de se croire indépendants les uns des autres, des jambons, des verres de Bohême, des violons et des ménages à vingt-cinq sous ;

(*N. B.* — Cette note un peu leste est de la main de l'homme sans cervelle, notre qualité d'Allemand et notre impartialité nous ayant fait un devoir de le laisser parler de notre pays, quoi qu'il en pût dire.)

En Pologne — des hivers longs et rigoureux, des landes, de vastes forêts, de tristes mais glorieux souvenirs ;

En Hongrie — des pierres précieuses et des porcs, des bruyères et des sangsues ;

En Suisse — des précipices, des montagnes, d'excellents fromages et des pics inabordables au haut desquels on trouve le plus souvent des balustrades peintes en vert, des bancs verts, une table verte, du café tout préparé, des Anglais et d'admirables sites ;

En Irlande — O'Connell et des pommes de terre ;

En Écosse — les ombres un peu épaissies de Fingal et d'Ossian ;

En Espagne — des olives, des amandes, des oranges, des citrons, des moutons, des mulets, des taureaux, des amoureux, des guitares, des vents brûlants et la guerre civile ;

En Turquie — des abeilles, du tabac turc, des tuyaux de pipe, des bouts d'ambre, de belles armes, la peste, l'incendie, des queues de cheval attachées à de brillants gonfalons, des pachas, des Grecs, des juifs, des Arméniens, du raisin de Corinthe et des chiens errants,

Toutes choses, comme on voit, que le plus simple traité de géographie eût pu nous apprendre avec plus de méthode et de sûreté que l'examen, si attentif qu'il fût, que nous en pûmes faire.

Toutes nos préférences furent pour l'Italie, cette terre d'élection qui reste divine en dépit de ses habitants.

Nous y vîmes des douaniers, des commissaires de police, des buffles aux regards obliques, du riz, du maïs, des pâtes de toutes sortes, des carrières de marbre, des colonnes de toutes les couleurs, des terres incultes, des perles fausses, des chapeaux de paille, des fabriques d'antiquités, des peintres et des voyageurs de tous les pays, des abbés et des monsignori, le tombeau de Virgile, la fontaine de ~~Vaucluse~~ ; à chaque pas enfin les traces d'un passé magnifique — et un brigand qu'une forte escorte conduisait à une ville prochaine.

[marginalia: l'Eau Vierge]

C'était un fort beau garçon au teint brun, à la barbe noire et frisée ; il avait le regard ferme et doux à la fois que Léopold Robert a donné à ses pêcheurs et à ses moissonneurs. Comme, en outre, il était enchaîné, c'était le plus beau brigand qu'on pût contempler.

Tout brigand et tout enchaîné qu'il fût, il y avait dans son air tant de noblesse et de fierté, que — j'en demande pardon aux honnêtes gens — nous ne pûmes le voir sans intérêt. Nous étant donc arrêtés pour questionner son escorte, nous eûmes le chagrin d'apprendre que ce superbe bandit ne pouvait manquer d'être pendu, attendu qu'il avait une douzaine de meurtres et un nombre infini de vols sur la conscience. Il s'appelait Carlo Ferri, et était le chef d'une bande redoutée.

— Pourquoi diable vous êtes-vous fait brigand? lui dit avec humeur l'homme sans cervelle; c'est un métier pénible.

— J'ai perdu mon père de bonne heure, nous répondit-il; me trouvant donc sans ressources, je me fis voleur parce que j'aurais rougi de mendier. — Les mendiants sont des gens qui n'osent pas voler. — Après avoir volé pour ne pas mendier, je tuai pour voler. Et voilà où j'en suis.

« Si j'ai eu tort, dit-il en faisant un signe de croix, je me confesserai, et, par là, j'éviterai l'enfer, — hélas! — mais non la corde. Ceci prouve bien, ajouta-t-il en jetant sur nous un regard plein de mélancolie, qu'il est plus dangereux d'être voleur que d'être honnête homme; et c'est pourquoi, sans doute, il y a si peu de voleurs et tant d'honnêtes gens.

— Signor Carlo, lui dit Walter, votre philosophie est plus dangereuse que votre fusil; vous ne volerez pas la corde qu'on vous destine.

— Ce sera donc, nous dit-il, la seule chose que je n'aie point été obligé de voler.

— C'est égal, dit l'homme sans cervelle, le plus bel

enfant de l'Italie n'aurait point dû s'exposer à une mort ignominieuse.

— Je ne suis point Italien, reprit le brigand en nous tournant le dos.

Et en effet, un des soldats du pape qui faisait partie de l'escorte nous apprit que Carlo Ferri avait vu le jour à Quimper, qu'il s'appelait Jean-Pierre et qu'il n'avait changé de nom que pour être agréable à ses camarades. — D'où il résulte que le plus bel Italien que nous ayons vu en Italie était Bas-Breton.

« Où que vous alliez, dit l'homme sans cervelle, fût-ce dans la lune, qui, au lieu d'être un astre de pure lumière, comme on l'a cru, n'est qu'un globe terne et sans clarté comme le nôtre, — il faudrait en rabattre : — chaque pas nous découvre un mensonge. »

Pour ce qui est des mœurs des différents peuples que nous visitâmes, ces mœurs sont partout les mêmes. Partout on fait, on défait et on refait ; et les abus renaissent des abus parce qu'il est plus facile de souffrir un mal que de le combattre.

L'amour fait rage, mais l'argent fait mariage

La grande question est entre les riches et les pauvres ; car dans un temps où la richesse donne le droit de n'être bon à rien, où l'on est honoré et élevé, non parce qu'on est le meilleur, mais pour cela seul qu'on possède, pauvreté devient vice.

Aussi l'argent est-il le vrai dieu du monde, celui qui en a chassé tous les autres, et l'amour lui-même ! Si l'amour fait rage, l'argent seul fait mariage ; les cœurs les plus jeunes savent compter.

Quant à la politique, les mots sont différents, mais les résultats sont pareils. Les gouvernements représentatifs se distinguent en ceci des gouvernements absolus : qu'au lieu d'agir sans façon et à leur fantaisie, ils assemblent les représentants du pays, et les consultent, — quand ils sont décidés à n'en faire qu'à leur tête.

On a, du reste, défini ainsi un roi constitutionnel : « Un prince toujours mal assis sur un trône inébranlable[1]. » Et cette définition, qui n'est pas d'hier, est restée bonne.

Nous étions sur le bord de la mer. Le beau navire !

Montesquieu.

Une barque légère s'en détacha, et glissa vers nous ; un seul rameur la dirigeait ; il nous fit un signe.

— Encore ce pas, dis-je à Walter.

Soudain une jeune et belle femme, qu'un rocher avait cachée à nos yeux, s'avança vers nous ; elle était vêtue de deuil :

« Si vous avez une femme, si vous avez un enfant, me dit-elle, en me montrant ses vêtements noirs ; si vous n'êtes pas seul en ce monde, si vous aimez, c'est-à-dire si vous vivez ailleurs qu'en vous-même, s'il est un lieu de la terre où vous soyez attendu, n'affrontez pas la mer ! »

— Je ne partirai pas, dis-je à Walter.

En ce moment, des chants harmonieux venus du beau navire traversèrent l'espace, et, comme une musique céleste, arrivèrent jusqu'à nos oreilles en sons doux et caressants. — L'Aurore sortit du sein des eaux ; — devant son front radieux, les vapeurs du matin disparurent, le ciel sans limites s'ouvrit devant nous, — la barque était à nos pieds, apportée par la vague paisible.

Celui qui contemple l'abîme, lui appartient; déjà nous avions quitté la terre, et la brise empressée, soulevant doucement notre esquif, nous avait poussés vers le brillant navire.

Sur sa poupe, on voyait représentée en relief, et avec un art exquis, l'histoire de *tous* les navigateurs célèbres qu'il avait conduits aux découvertes dont s'est agrandi le monde, et les faits principaux qui avaient signalé ces découvertes. Les voiles étaient d'un tissu si fin et si solide, si transparent et si impénétrable, qu'elles se confondaient avec le vent, dont elles avaient la couleur, sans en perdre le plus léger souffle.

Des banderoles, vert et or, que la main d'une fée pouvait seule avoir brodées, flottaient au-dessus de chacun de ses mâts, qui, si grands qu'ils fussent, semblaient être sortis des ateliers d'un bijoutier, tant les ciselures et les incrustations de toutes sortes dont ils étaient ornés jusqu'à la cime étaient d'un travail précieux; — et, pour couronner cette œuvre merveilleuse, — on voyait des groupes de petits anges, avec leurs ailes déployées, voltiger entre les cordages, qui étaient tous, même les plus gros, tressés de fils d'or, d'argent et de soie, et faire l'office de mousses avec une grâce extraordinaire et un ordre parfait.

Les passagers avaient ces mines hautes et fières qui appartiennent à ceux qu'attendent de nobles destinées ; et quant aux matelots, ils avaient tous l'air d'être, pour le moins, des princes déguisés.

Debout sur le pont, et parée d'une robe aux mille couleurs, les cheveux flottants, un bras tendu vers nous, comme vers des hôtes attendus, se tenait, entourée de ses compagnes, gracieuses comme elle, une femme, que dis-je? une déesse au sourire divin. Des fleurs naissantes couronnaient sa tête; sur son front brillait une étoile, et sur son sein dormait un enfant beau comme l'Amour, si ce n'était pas l'Amour lui-même.

— Je suis l'Espérance, dit-elle ; soyez les bienvenus.

— L'Espérance! dit Walter troublé en jetant sur elle un regard de défiance.

— L'Espérance, dit le fou, c'est-à-dire la sœur du Sommeil qui suspend les peines, et de la Mort qui les finit.

A peine avions-nous mis les pieds sur le navire enchanté, qu'un vent propice enflant ses voiles diaphanes, nous fûmes emportés vers des régions inconnues.

Et les gais matelots chantaient ainsi :

« Celle qui embellit le présent, toujours triste, des rêves brillants de l'avenir, c'est l'Espérance.

« Le moment n'est rien ;

« Hier était quelque chose, aujourd'hui n'est que la veille de demain ; mais demain est si beau !

« Entre le passé enchanté et l'avenir enchanteur, que peut faire le présent, lui qui n'est qu'un simple mortel, si ce n'est de nous conduire de l'un à l'autre, guidé lui-même par l'Espérance ? »

Et une des jeunes filles, prenant une harpe, chanta à son tour :

« Celui qui a tout perdu n'a rien perdu, si je lui reste ; car c'est moi qu'on a nommée l'indomptable Espérance, celle que rien n'abat, celle qui survit à tout.

« C'est grâce à moi qu'on supporte la vie ;

« C'est grâce à moi qu'on cherche la mort ; car le temps lui-même m'appartient, et je suis ce qui manque à chacun.

« J'ai pour sœur l'Illusion, qui a des chants divins pour les douleurs humaines, qui endort tous les maux ; j'ai pour ennemi le Vrai, qui de sa voix grossière les réveille.

« Le Vrai est l'ennemi de l'homme.

« Quand, las de déchirer en vain le sein d'une terre ingrate, le laboureur épuisé abandonne sa charrue, c'est moi qui lui montre ses moissons déjà mûres, et le sillon interrompu s'achève.

« Vient l'orage qui détruit tout, — mais il a espéré.

« Quand une tombe vient de se fermer, et que sous la lourde pierre semblent ensevelies à jamais, avec ce que tu as aimé, toutes les joies de ta vie, c'est moi qui soulève cette pierre et qui en fais sortir celui d'où te viendra, qui que tu sois, la consolation, — mon frère, l'aimable Oubli.

« L'Oubli, par qui tu seras infidèle sans remords. »

Le navire fendait toujours les flots dociles ; mais la jeune fille avait cessé de chanter et les matelots avaient cessé d'écouter.

Le soleil s'était emparé de l'univers. C'est à peine si un nuage, mais léger et qui semblait comme un point sur la pourpre du ciel, faisait tache à la splendeur de cette belle journée.

La main sur le gouvernail, le pilote contemplait l'espace et semblait l'interroger.

Bientôt, sur un geste de lui, les barques furent mises à la mer.

Nous les suivîmes longtemps des yeux, mais elles disparurent.....

L'Espérance avec son charmant cortége y descendit. — Elle nous jeta, en nous quittant, un doux adieu et un plus doux sourire; puis elle s'éloigna, et cette séparation fut si subite, que nous ne songeâmes même pas à la retarder.

Longtemps nous suivîmes des yeux la voile inconstante qui la poussait vers de nouveaux rivages; mais elle ne devait point revenir, et le regard qu'elle nous avait jeté en partant avait été le dernier.

Quand la barque eut disparu tout à fait, et que nous reportâmes les yeux sur ce qui nous entourait, tout était changé autour de nous. — Et, comme l'Espérance, le soleil lui-même semblait nous avoir abandonné; des nuages s'étaient amoncelés sur nos têtes, et notre navire ressemblait à tous les navires.

« Que me contez-vous là? nous dit l'homme sans cervelle; — ces matelots ont toujours été de pauvres matelots; ces passagers sont de bonnes gens, qui maudissent, à l'heure qu'il est, l'envie qu'ils ont eue de courir le monde; — ce pont n'a pas cessé d'être ce que vous le voyez, c'est-à-dire fragile. — Le soleil s'était levé, je vous l'accorde, mais la tempête l'a chassé, et si vous voulez bien regarder le pilote, vous lirez dans les plis de son front que nous sommes perdus. — »

Et en effet nous étions perdus.

Les vents, tout d'un coup déchaînés, courant à travers nos cordages, secouaient nos voiles avec furie, et courbaient notre navire sur les flots, dont la colère nous repoussait bientôt vers les cieux; la Peur aux pieds de plomb avait fait de chaque homme de l'équipage une statue, pas un ne bougeait, et la mort était si près de nous, que pas un non plus ne criait, — les plaintes elles-mêmes ayant cessé.

Les craquements de notre vaisseau, dont les flancs déchirés s'emplissaient de tous côtés, se mêlaient seuls aux mille clameurs de l'abîme.

On nous fit jeter à la mer tous nos bagages. « Jetez, disait l'homme sans cervelle, jetez jusqu'au luth des séraphins, jusqu'aux ancres d'or! n'oubliez ni les banderoles, ni les devises; et quand vous aurez tout jeté, faites un dernier paquet de vos espérances, et jetez-le avec le reste.

« Réjouissez-vous donc, disait-il encore, tous tant que vous êtes; vous allez mourir loin de ce que vous aimez : les larmes de vos amis vous feraient mourir une heure plus vite, et plus mal. »

Et à de pauvres diables qui se désespéraient : « La tempête est un voleur de grand chemin qui sait son métier : — tout le monde ne peut pas arriver à bon port. — Que deviendrait la terre si la mort ne fauchait pas quelquefois ce pré, où la vie sème sans cesse? — C'est une surprise que nous fait le destin ; aimeriez-vous mieux mourir de la peste ou de la faim? Priez, l'eau ne lave pas toutes les souillures. »

Et s'agenouillant lui-même : « Le malheur fait plus d'amis à Dieu que le bonheur, et on dit que nous sommes braves ! »

Nous songeâmes un instant à abandonner le vaisseau, mais l'homme sans cervelle s'y refusa. « Je m'y trouve aussi bien qu'ailleurs pour mourir, nous dit-il ; le mal qu'on se donne pour vivre est incroyable. »

Tout à coup un dernier, un horrible craquement se fit entendre ; Walter, que son sang-froid n'avait pas abandonné un instant, et qui aurait sauvé le navire s'il avait pu l'être, me saisit par la main. — Je sentis vaguement que le pont s'abîmait sous mes pieds, et je perdis connaissance. . . . .

Quand je rouvris les yeux, Walter et moi nous voguions seuls, seuls avec la tempête, sur la mer en courroux; — il ne restait de notre navire que le mât sur lequel je me trouvais, grâce à Jean sans doute, accroché.

« Voilà, me dit-il, une tempête qui doit être belle à voir du rivage. »

Un coup de tonnerre lui répondit!

— « Marie! Marie! » m'écriai-je.

Au même instant, et au milieu des mugissements des flots et des éclats de la foudre, il me sembla entendre, mais entendre distinctement, trois petits coups, comme ceux qu'un visiteur discret aurait frappés à une porte.

Ce bruit insignifiant, ce bruit impossible se faisant entendre dans un moment pareil, me remplit d'une terreur si grande que j'oubliai tout, et l'ouragan, et l'abîme, et les vagues montant jusqu'aux cieux, et la mort, dont un instant auparavant il me semblait déjà sentir sur moi la main glacée, pour prêter l'oreille de nouveau.

Et la tension de mon esprit fut telle, et je m'isolai si bien de tout autre bruit, que je créai autour de moi comme un silence nouveau, au milieu duquel je pouvais entendre et compter les battements même de mon cœur.

Ce fut alors qu'une seconde fois j'entendis, avec une

Pardieu, me dit Jean, voilà une tempête qui doit être fort belle à voir du rivage.

angoisse inexprimable, le bruit que font trois coups frappés à une porte. Bien plus, ces trois coups me rappelèrent ceux que Walter avait frappés chez moi, quand, par sa présence inattendue, il était venu m'arracher à mes rêves de bonheur et au lendemain fortuné qui m'attendait.

Évidemment, ces trois coups étaient frappés à une porte; bien plus! c'était à ma porte même qu'on frappait, et mon oreille, devenue un instant infaillible, n'en pouvait plus douter.

Mais ce bruit, à cette heure suprême, ce bruit qui semblait annoncer une visite à un homme qui n'avait plus qu'à mourir, ce bruit que j'entendais et qui n'existait pas, et qui ne pouvait pas être entendu, d'où venait-il, et où étais-je? Ma raison s'égara, et mon épouvante fut telle que j'abandonnai le mât qui me séparait encore de l'abîme; mes mains crispées trouvèrent une dernière fois la force de se joindre : « Mon Dieu! m'écriai-je, mon Dieu et Marie! » Puis l'air me manqua. Je descendais dans un gouffre sans fond, mon sang battait dans mes tempes, des montagnes d'eau comprimaient ma poitrine, mes yeux éperdus entrevoyaient des monstres gigantesques, des créations bizarres, des forêts flottantes, des mondes nouveaux; j'étais tour à tour emporté dans des courants d'eaux chaudes, et arrêté par des écueils de glaces. — J'allais mourir, que sais-je? j'étais mort peut-être.

A cet instant, au dernier souffle de ma vie en ce monde, ou au premier de ma vie dans l'autre, j'entendis, pour la troisième fois et comme une moquerie du destin, le bruit de ces trois coups, qu'une main, je ne sais laquelle, aurait frappés à ma porte, — et ces trois coups étaient si nets, si précis, et ils témoignaient si bien de l'impatience obstinée, quoique timide, qu'avait celui qui frappait de recevoir une réponse, — que, cédant à un mouvement auquel je ne saurais assigner de raison, — et faisant un effort immense pour produire un peu de vide autour de moi, et parler :

— « Entrez! m'écriai-je, entrez donc! »

Dis-toi, lecteur bienveillant, que quand du sein des flots où j'étais englouti, je vis s'ouvrir la porte de ma chambre, — une porte qui devait bien être éloignée de moi de quinze ou dix-huit cents lieues, je dus être plus étonné que tu ne saurais l'être de l'entendre seulement raconter.

Ma porte s'ouvrit donc.

C'est l'habit de M. Franz, me dit Kolb d'un air triomphant, son habit de noces!

Et s'étant ouverte, elle donna passage à un tout petit homme dont je n'ai encore rien dit parce que je n'ai rien eu à en dire.

Comme beaucoup de petits hommes, il était très-gros, et, pour le reste, il ne différait en rien, depuis les pieds jusqu'à la tête, de ce que peut être un tailleur allemand. J'ajouterai qu'ainsi que la plupart de ses confrères, il s'appelait Kolb.

« C'est l'habit de M. Franz, me dit Kolb d'un air triomphant, son habit de noces! » Et il ajouta, mais avec plus de modestie : « Le pantalon n'est pas encore tout à fait terminé. »

VI

LA VIE EST UN SONGE.

> Que de choses j'ai rêvées
> — CALDERON. —
>
> Tout arrive.
> — Idem. —

« — Que diable me dites-vous là ! m'écriai-je indigné ; il s'agit bien d'habit et de pantalon ! Parlez-moi de l'espérance, M. Kolb, et du vaisseau englouti, et de Walter, et de la mort, et des monstres sous-marins, et de l'univers bouleversé, et de Marie à jamais perdue! »

Ici la figure de Kolb prit une expression singulière ; au lieu de me répondre, il regarda la porte, dans l'intention évidente de s'enfuir ; mais je m'opposai à son projet, et le saisissant par le bras : « Kolb, lui dis-je, mon bon monsieur Kolb, au nom de Dieu, dites-moi la vérité : où sommes-nous ? comment vous trouvez-vous ici ? est-ce que nous n'avons pas cent pieds d'eau par dessus la tête ? »

Mais Kolb était déjà bien loin : ayant fait un effort désespéré pour se dégager, il était parvenu à m'échapper, laissant entre mes mains — mon habit neuf !

« M. Franz est fou ! » criait Kolb au milieu des escaliers.

Peu à peu mon sang avait repris un cours plus régulier; l'air froid venu de la porte, laissée ouverte par Kolb épouvanté, avait frappé mon visage et réveillé mes esprits. Je restai quelque temps encore dans cet état qui

Je restai quelque temps encore dans cet état, qui n'est ni la veille ni le sommeil ;
puis ma vue s'éclaircit tout à fait.

n'est ni la veille ni le sommeil, puis ma vue s'éclaircit tout à fait. Grâces au ciel, j'étais éveillé.—J'étais dans ma chambre,—ma chère petite chambre bleue,—pareille en tout à celle de Marie.—C'était bien cette belle image de la Vierge devant laquelle, dans mes bons jours, je ne passais pas sans émotion ; et sur ma cheminée était encore ce petit bouquet de bruyères roses et de violettes d'hiver que m'avait donné Marie et que j'avais cru emporter avec moi quand, dans mon rêve, Walter m'avait entraîné à sa suite. C'était bien ma pipe, pourquoi oublierais-je ma pipe ? et à côté de ma pipe ce redoutable kanaster dont la fumée, mêlée aux souvenirs confus de mes années de voyage, avait produit tous les fantômes de cette nuit agitée.—C'était dans mon fauteuil que je m'étais endormi, que j'avais couru les aventures, que j'étais parti enfin et revenu ; mais de coursiers ailés et de navires, de voyages, et de naufrages, et de morts, il n'était pas question. Je n'avais fait qu'un rêve, et,—qu'on me le pardonne,—qu'un mauvais rêve.

Que si ce rêve te semble un peu long, cher lecteur, je te dirai avec un sage que la vie étant un songe, l'homme qui naît s'endort, que la mort seule le réveille, et que bien que tu te croies parfaitement éveillé en ce moment, tu t'apercevras peut-être un jour — que tu n'as fait qu'un rêve.

Pour moi, quand j'eus les yeux tout grands ouverts, je me jetai à genoux. — J'étais seul, mais je l'eusse fait devant l'univers assemblé, et je remerciai Dieu de m'avoir réservé pour leçon ce dernier voyage, et de ne m'avoir puni qu'en songe; — puis, comme c'était bien mon habit neuf que j'avais entre les mains, — je l'essayai.

Je dois dire à la louange de Kolb qu'il m'allait à merveille; aussi n'eus-je rien de plus pressé que de m'en parer pour l'aller montrer à ma petite Marie.

Ainsi que moi, la ville de *** venait de s'éveiller. Je n'oublierai jamais que la première figure de connaissance que j'aperçus en ouvrant ma fenêtre, ce fut, tout au haut de la maison de notre voisin le tonnelier, et gravement perchée sur la cheminée, une bonne vieille mère cigogne qui, depuis longtemps, y avait établi son nid ; vous dire le plaisir que j'eus à revoir, debout sur le seuil de sa paisible demeure, cet excellent oiseau, je ne l'essaierai pas, car je serais assuré de n'y point réussir : j'étais si heureux de retrouver ces maisons connues, ces lieux, ces visages amis, qu'autour de moi tout me semblait avoir un air de fête, et que je me sentais au cœur comme une seconde jeunesse.

Bref, ayant, avant d'arriver chez Marie, rencontré le vieux major, j'appris de lui deux bonnes nouvelles : la première, c'est que mon mariage ne serait différé que jusqu'au lendemain (ah! lecteur, la belle chose que la veille d'un jour longtemps attendu! — on va avoir ce qu'on désire et on ne l'a pas encore); — la seconde, c'est que Walter venait d'arriver, non le Walter de mon rêve, mais le cher et bon et aimable Walter dont j'ai fait le portrait au début de ce récit.

VI

VOYAGE OU IL VOUS PLAIRA.

Notre mariage se fit à quelques lieues de la ville, dans une jolie petite chapelle où, de temps immémorial, les gens du pays, qui tenaient essentiellement à être heureux dans leur ménage, allaient se marier de préférence.

Pendant le trajet, le vieux major, qu'on n'avait jamais

Notre noce, dit-on, fut superbe, elle dura trois longs jours.

vu en si belle humeur, ne cessait de répéter aux jeunes gens et aux jeunes filles qui nous accompagnaient :

« Regardez bien ce chemin, mes enfants, et comme autrefois le petit Poucet dans la forêt, semez-le de cailloux blancs et de bons souvenirs pour être sûrs de le reconnaître ; car c'est un chemin *où il vous plaira* de revenir. »

— Ainsi soit-il, répondaient tout haut les jeunes gens.

— Ainsi soit-il, disaient tout bas quelques jeunes filles.

Notre noce, dit-on, fut superbe. Elle dura trois longs jours : on y dansa, on y valsa, il y fut tiré un grand nombre de coups de fusil, et il s'y fit tout ce bruit qu'à tort ou à raison, on a coutume de faire autour des gens qui se marient ; mais enfin, Dieu merci, chacun rentra chez soi.

───────

Je m'arrête ici, cher lecteur. Il faut cent pages pour raconter un chagrin, mais le bonheur ne se raconte pas, et ne se doit pas raconter. Il en est de lui comme d'un secret : celui qui le garde le mieux, c'est celui qui se tait.

———

J'aimais Marie, et j'étais son mari, — ceci est tout à la fois la suite et la fin de mon histoire.

Au moment de nous quitter, Walter nous montrant l'horizon qui s'étendait à l'infini devant nous : « Mes bons amis, nous dit-il, le monde est si grand, qu'il est dur d'y être seul; — c'est pourquoi sans doute on s'y marie — et rien de mieux, car le nom d'épouse est le plus doux qu'on puisse donner à une femme; et il n'y a de durable amour que celui qui a pour frère aîné le devoir, de façon que si l'un sommeille — l'autre veille, et qu'ainsi l'honneur puisse rester. Vous voilà deux, et dans les conditions les plus favorables au bonheur, les seules — j'en atteste tous ceux, sans exception, qui l'ont cherché, qui le cherchent ailleurs — les seules où on puisse le fixer. Ménagez le vôtre, mes amis, et que le ver ne se mette jamais dans cette fleur de votre vie ; — il faut au bonheur lui-même un régime. Quoi de plus triste qu'un bonheur perdu?

« Pour toi, Franz, me dit-il, regarde devant toi et non derrière; — plus de voyages, et n'oublie pas ceci : c'est que souvent l'amour meurt parce qu'on ne fait pas, pour le conserver, tout ce qu'on avait fait pour l'inspirer. »

Et, ayant alors serré la main du vieux major, dont il était le favori, et nous avoir bien promis de revenir, il nous dit adieu.

Après quoi, — obéissant à sa destinée, —

Jean s'en alla comme il était venu.

AU LECTEUR

ET

A TONY JOHANNOT.

L'idée d'écrire ce livre nous a été suggérée par Tony Johannot.

Tu sais mieux que nous, lecteur bienveillant, si l'idée a été bonne ou mauvaise, et si ce livre, qui s'en est suivi, est ou n'est pas détestable.

Quoi qu'il en soit, du reste, — mon cher Tony, comme entre bons amis les comptes sont bientôt faits, nos remerciements ne seront pas longs, si nous en avons à vous faire; et dans le cas contraire (il faut tout prévoir, même et surtout les cas contraires), notre rancune sera courte.

Qui ne sait, en effet, que nous n'avons pas besoin, hélas! d'être poussés à mal faire?

Si donc l'idée d'écrire quelques méchantes pages de plus

nous est venue de vous ; si parfois même vous nous y avez aidé, ne sommes-nous pas bien heureux d'avoir, — pour cette fois, une excuse, et à cette excuse, si une excuse ne suffisait pas, de pouvoir joindre une raison, que voici :

C'est que, tout bien pesé — dans notre double sagesse, — nous ne regretterons jamais, mon cher Tony, d'avoir fait avec vous ce chemin, sur lequel vous avez semé, si à propos pour l'abréger, toutes ces charmantes vignettes auxquelles nous avons dû, sans aucun doute, d'avoir jusqu'au bout votre aimable compagnie, — cher lecteur.

ERRATUM.

En trouvant à l'article Italie, page 142, sur le manuscrit, après ces mots *le tombeau de Virgile*, ces autres mots *la fontaine de l'Eau vierge*, nos compositeurs, qui n'avaient aucune connaissance de la fontaine de ce nom, ont préféré lire *Vaucluse*, et nous faire placer par conséquent le département de Vaucluse en Italie. — Au lieu de *fontaine de Vaucluse*, lisez donc *fontaine de l'Eau vierge* (*Aqua virgine*).

ERRATUM

Dans la livraison de ce jour, page 26, ligne 19, au lieu de *Henri Walter*, lisez *Jean Walter*.

TABLE DES MATIÈRES.

	Pages.
AVANT-PROPOS.	1
CHAPITRE I. — Franz.	5
CHAPITRE II.	9
CHAPITRE III. — Album d'un homme qui va se marier.	13
Marie (sonnet).	17
CHAPITRE IV.	23
Jean Walter.	24
Rappelle-toi (*Vergiss mein nicht*), musique de Mozart.	33
Les Fleurs des bois.	39
Histoire d'un Berger.	51
Les Amours du petit Job et de la belle Blandine.	59
La Vie et la Mort.	81
Les Étoiles.	89
Histoire de l'Homme au grand chapeau.	101
Un Jour à Londres.	131
Le tour de l'Europe.	139
L'Espérance.	148
CHAPITRE V. — La vie est un songe.	158
CHAPITRE VI. — Voyage où il vous plaira.	161
AU LECTEUR ET A TONY JOHANNOT.	169

PLACEMENT DES GRAVURES.

1 Voyage où il vous plaira, frontispice. (*Brugnot sculpsit*).	En regard du titre.
2 Le vieux major de Horne a jeté à notre héros. (*L. Dujardin sculp.*).	Page 11
3 Franz ne s'aperçut qu'il était tout couvert de neige. (*Brugnot sculp.*)	11 *bis*.
4 La bonne mère avait levé les yeux en soupirant. (*Andrew, Best et Leloir sc.*)	14
5 Je ne vis plus que navires. (*Brugnot sc.*)	15
6 Que courageux et hardis pilotes. (*Piaud sc.*).	15 *bis*
7 Je mettrai mes habits de fête, j'irai frapper à la porte du vieux major. (*Piaud sc.*)	16
8 J'irai me jeter aux pieds de ma bien-aimée. (*Quichon sc.*).	16 *bis*.
9 Puis elle se parera à son tour. (*Brugnot sc.*).	18
10 Et nous irons ensemble à l'église remercier Dieu. (*Andrew, Best et Leloir sc.*).	18 *bis*.
11 Nous prendrons le chemin le plus long pour rentrer. (*Andrew, Best et Leloir sc.*).	18 *ter*.
12 Elle réchauffera de son haleine les mains glacées de sa fille chérie. (*L. Dujardin*)	18 quinter.
13 Nous ferons un modeste déjeuner. (*Rouget sc.*).	18 quinq.
14 Brûlez, brûlez, m'écriai-je, vous qui m'avez perdu. (*Andrew, Best et Leloir sc.*).	20
15 L'aspect morne et désolé de cette nature immobile. (*Thomas Williams sc.*)	21
16 Enfin, un calme absolu régna partout. Le gardien. (*Andrew, Best et Leloir sc.*).	22
17 Soudain, un petit coup sec frappé à ma porte me fit tressaillir. (*Burbant sc.*).	22 *bis*.
18 Ce pauvre Jean. (*Brugnot sc.*).	24

19 Des chevaux nous attendaient à la porte. (*Tamisier sc.*). . . . . . . Page	31
20 La fenêtre de sa chambre était entr'ouverte, et elle chantait. (*Brevière sc.*). . .	32
21 C'est bien la peine, disaient-elles, d'être fraîches. (*Brugnot sc.*).	39
22 Elles sont là chez elles, recevant les hommages. (*Brugnot sc.*).	45
23 Nous rencontrâmes, au fond d'une étroite vallée, trois individus. (*Caqué sc.*). .	49
24 Ils s'aimaient et ils se le disaient. (*Brugnot sc.*).	51
25 A ces sons inaccoutumés, les oiseaux de nuit qui habitaient. (*Brugnot sc.*). .	68
26 La porte s'ouvrit, et Blandine parut sur le seuil. (*Brugnot sc.*).	74
27 Jean, les coudes appuyés sur la table, ne disait mot. (*Brevière sc.*). . . .	77
28 Je la voyais assise auprès de notre arbre favori. (*Brugnot sc.*).	79
29 Et elle disparaissait avec un jeune et beau cavalier. (*Brugnot sc.*).	80
30 N'écoutant que ma fureur, je tournai contre lui mon épée. (*Barbant sc.*). . .	80 bis.
31 De façon que je le voyais à la fois mort et vivant. (*Brugnot sc*).	80 ter.
32 De la porte de cette tour, une interminable procession. (*Brugnot sc.*). . . .	81
33 A ceux-là succéda un groupe de hideuses figures. (*Tamisier sc.*).	81 bis.
34 C'est par ici qu'il vous faut marcher, nous dit-elle. (*Brugnot sc.*).	84
35 Nous nous échappâmes par la basse-cour. (*Barbant sc.*).	84 bis.
36 Un petit valet de ferme vint nous ouvrir : il n'était pas beau. (*Caqué sc.*). . .	85
37 Elle me mena un soir à la fenêtre. (*Brevière sc.*).	90
38 Quand je fus au fond de l'étang, je me rappelai ce vers de l'Arioste. (*Brugnot sc.*)	93
39 Je crus un instant que je ne parviendrais jamais à leur échapper. (*Piaud sc.*). .	94
40 Et je pensai, non sans regret, au temps où, avec ma chère Marie. (*Piaud sc.*). .	94 bis.
41 Nous revîmes, assis sur les ruines encore fumantes, le berger. (*Brevière sc.*). .	94 ter.
42 Je me rendis chez le plus célèbre bottier de la ville. (*Brugnot sc.*).	95
43 Et chez le tailleur le plus en renom. (*Rouget sc*).	95 bis.
44 De pauvres vieilles gens et des enfants qui se lamentaient. (*Brugnot sc.*). . .	98
45 Et de ma fenêtre, qui se trouvait en face de la sienne. (*John Quartley sc.*). . .	103
46 Je pris donc à la fois une corde, un pistolet et une bonne dose. (*Brugnot sc.*). .	105
47 C'est ainsi que, sous le voile de l'amitié, le scélérat. (*Brugnot sc*).	109
48 Je m'aperçus bientôt, au vide de mes idées, du larcin. (*Brugnot sc.*). . . .	109 bis.
49 Une conversation politique. (*Piaud sc.*).	112
50 Ce fut bien pis quand nous vîmes les trois candidats. (*Brugnot sc.*).	115
51 Ariane aux rochers contant ses injustices. (*Brugnot sc.*).	118
52 Angélique et Médor. (*Brugnot sc.*).	120
53 Les enfants nous poursuivaient de leurs huées. (*Brugnot sc.*).	123
54 Le seul miracle qui se fasse encore... c'est celui de Circé. (*Rouget sc.*). . .	124
55 Vous vous trompez, nous dit une jeune et jolie Anglaise (*Brugnot sc.*). . . .	132
56 Elles lisaient dans un livre qui ressemblait à une Bible. (*Brugnot sc.*). . . .	135
57 Jusque-là tout n'ayant été pour lui qu'un songe. (*John Quartley sc.*). . . .	136
58 L'amour fait rage, mais l'argent fait mariage. (*Piaud sc.*).	145
59 Longtemps nous la suivîmes des yeux, mais elle ne devait point. (*Brugnot sc.*). .	151
60 Pardieu ! nous dit Jean, voilà une tempête qui doit être fort belle. (*Brugnot sc.*) . .	154
61 C'est l'habit de M. Frans, me dit Kolb d'un air triomphant. (*Leblanc sc.*) . .	157
62 Je restai quelque temps encore dans cet état, qui n'est ni la veille. (*Rouget sc.*) .	160
63 Notre noce, dit-on, fut superbe; elle dura trois longs jours. (*Thomas Williams.*).	165

www.ingramcontent.com/pod-product-compliance
Lightning Source LLC
Chambersburg PA
CBHW071913160426
43198CB00011B/1277